1318 고민상담 A to Z
| 개정판 |

1318 고민상담 A to Z (개정판)

© 생명의말씀사 2016, 2024

2016년 8월 25일 1판 1쇄 발행
2024년 6월 26일 2판 1쇄 발행

펴낸이 | 김창영
펴낸곳 | 생명의말씀사

등록 | 1962. 1. 10. No.300-1962-1
주소 | 서울시 종로구 경희궁1길 6 (03176)
전화 | 02)738-6555(본사) · 02)3159-7979(영업)
팩스 | 02)739-3824(본사) · 080-022-8585(영업)

지은이 | 김재욱

기획편집 | 유선영, 유하은
디자인 | 김재욱, 김혜진
인쇄 | 영진문원
제본 | 보경문화사

ISBN 978-89-04-23033-4 (03230)

저작권자의 허락 없이 이 책의 일부 또는 전체를
무단 복제, 전재, 발췌하면 저작권법에 의해 처벌을 받습니다.

Answer to Zone

모든 해답이 하나님과 성경에 있음을 알고,
그분의 보호 구역에 머무르기.
이것이 고민 해결의 A to Z이다.

추천의 글

세상의 가치관 속에서 사는 청소년과
부모님이 함께 답을 찾아가도록 돕는 책입니다

청소년기 딸을 키우면서 아이들에게는 많은 질문과 호기심이 있다는 것을 늘 발견하게 됩니다.
아이들은 단순한 지적인 호기심과 의문이 생길 때마다 아빠를 찾습니다.
학업이나 친구 관계, 가족 관계 등을 통해 아픔을 겪거나 감정적인 상처를 받을 때에도
자신을 위로해 주고 치유해 줄 말을 듣고 싶어 합니다.
또 모태 신앙으로 태어났기에, 자신만의 신앙을 찾아가는
하나님과 영원을 향한 갈망과 탐구 과정에서도 많은 질문이 있었던 것을 기억합니다.
이 책을 통해 청소년들이 성장 과정에서 겪는 고민을
아빠나 선생님과도 나눌 수 있기를 기대합니다.
부모와 교사는 아이들을 이해하기 위해 그들의 입장으로 내려가야 합니다.
'이해하다'라는 의미의 영어 단어 'understand'는 under + stand
곧 stand under, 아래에 선다는 의미라고 합니다.
따라서 어른들은 그 속을 도대체 알 수 없다고 겁을 먹기보다는
아이들의 작은 신음 소리에 귀를 기울이고,
그들의 입장으로 내려가 들어 보는 지혜가 필요할 것입니다.
『1318 고민상담 A to Z』는 어른들에게 정답을 엿보기보다
아이들의 마음과 생각 속에 무엇이 들어 있는지를 살펴보고 들어 보는 기회가 될 것입니다.

권장희 소장 (사단법인 놀이미디어교육센터)

김재욱 작가님의 『1318 고민상담 A to Z』 출간을 축하드립니다.
1318 시리즈 출판물 가운데 세 번째 책인 이 책은
형제님의 경험을 바탕으로 청소년의 고민들을 다루고 있습니다.
아시다시피 우리나라 청소년들은 학업 스트레스로 인한
엄청난 압박감과 경쟁 구도 속에서 힘겨워합니다.
특히 기독 청소년들은 세상의 문화와 가치관을 직면해야 하는
어려움에 이중으로 노출되어 있습니다.
이런 상황에서 일반 청소년과는 또 다른 고민을 안고 사는 1318 기독 청소년에게
이 책은 하나님 말씀 안에서 해결점을 찾아가도록 도와주는 안내서와 같습니다.
이 책의 특징은 하나님의 진리 안에 있는 모든 문제의 유일한 해답을
어른들의 시각이 아닌 청소년의 시각에서 풀어 가며,
거창한 이론이나 군더더기 없이 청소년이 품을 만한 고민거리를
영어의 알파벳을 활용하여 주제별로 쏙쏙 짚어 준다는 것입니다.
뿐만 아니라 누구라도 책을 잡게 되면 끝까지 읽고 싶은 마음이 생길 정도로
모든 주제가 실제적이며 흥미진진합니다.
저는 이 책을 청소년들뿐 아니라 자녀에게 어떻게 답을 해 주어야 할지 고민하는
믿음의 부모님이나 선생님에게 권해 드립니다.
Q&A를 통해 스스로 답을 찾아가는 과정으로 구성되어 있어서

청소년들은 이에 참여함으로써 평소 가졌던 궁금증에 대해 명쾌한 답을 얻어 갈 수 있습니다.
또한 〈좀 더 알아볼까?〉 코너에는 많은 지식과 정보가 녹아들어 있어서
어른들이 현장에서 쉽고 간편한 매뉴얼 같은 책자로 활용할 수 있습니다.
자녀들과 함께 읽다 보면 공감대 형성에 도움이 되고
함께 성장할 수 있는 기회도 만들 수 있어서 기쁜 마음으로 추천합니다.

이정원 교수(서울사이버대학교 심리상담학부)

노벨 문학상 수상 작가 모리스 마테를링크의 동화 『파랑새』를 보면
틸틸과 미틸은 행복이란 이름의 파랑새를 찾아 떠납니다.
그리고 기나긴 여행을 통해 그토록 찾던 파랑새가 자신의 집에 있다는 사실을 알게 되면서
행복은 멀리 있는 것이 아니라 우리 주변에, 아주 사소한 일상 속에 있다는 것을 깨닫게 되지요.
그리고 자신의 오두막이 아름답게 변하였다고 느끼지만
실은 오두막이 변한 것이 아니라 그것을 바라보는 틸틸의 시각이 변한 것이었습니다.
우리는 많은 고민에 대한 해답을 멀리서 찾지만
실은 해답은 우리 안에 계시는 하나님께 있습니다.
극동방송의 제 프로그램에서 함께 방송했던 김재욱 작가님의 신간 출간을 축하드리며,
이 책을 통해 독자들이 그 해답이 어디 있는지,
긴 여행을 하기 전에(더 늦기 전에) 깨닫기를 기대합니다.

차길영 대표(세븐에듀 수학 강사, 전 극동방송 '차길영의 성공하는 자녀교육법' 진행자)

여는 글

고민 많은 13~18살 친구들에게

모두 안녕? 정말 반가워요! '1318 A to Z' 시리즈의 세 번째 책이 새롭게 개정되어 모두 다시 만나게 됐네요. 찬희, 예지, 소은이, 우람이 모두 여러분이 무척 반가울 거예요.

이 책은 1318 친구들의 수백 가지 고민 중 가장 중요한 것들을 알파벳 키워드 26개로 뽑아 함께 알아보고 고민해 보는 책입니다. 고민을 누가 해결해 준다기보다 함께 생각하면서 여러분이 놓친 것이 무엇인지, 혹시 사고를 전환할 수 있는지, 다른 사람들과 어른들은 어떻게 지나왔는지 엿보았으면 합니다. 어른들도 1318 친구들과 같은 고민을 하며 살아온 사람들이니까 말이죠.

아마도 여러분은 '우리도 다 아는 얘기' 혹은 '판에 박힌 잔소리'쯤으로 생각할지도 몰라요. 그래서 이 책에서는 늘 들을 수 있는 이야기 같은 건 최대한 피했답니다. 이 책은 꼭 상담이라기보다 함께 하나님의 말씀 안에서 해결점을 찾아보고, 또 주변을 돌아보면서 나를 바꿔 가는 이야기입니다. 우리 친구들의 산더미 같은 고민 중에서 한두 가지라도 해결의 실마리를 찾을 수 있다면 좋겠습니다.

그리고 때론 판에 박힌 잔소리도 정말 중요하기 때문에 자주 할 수밖에 없는 거라는 사실을 기억해 주기를 바랄게요. 함께 읽는 우리 친구들도 이 책의 대화에 참여한다 생각하고, 자기 고민과 함께 친구들의 고민도 들으면서 해답을 찾아가면 좋겠습니다.

인생은 글로 배우는 게 아니고 직접 부딪히며 배우는 거죠. 다만 글과 책에는 다른 이들의 경험과 사색이 담겨 있어서 나를 비춰 볼 수 있습니다. 그러니까 이 책에서도 맞춤식 해답을 찾으려 하지 말고 고민을 '고민' 해 보세요. 진정한 해답은 오직 성경에 있다는 것을 잊지 말고요. 각각의 주제가 끝나면 나오는 박스 기사도 참고하세요.

책의 내용과 다른 사람의 조언도 필요하겠시만 어차피 여러분 스스로 해결할 문제니까 나름의 노력도 많이 해야 합니다. 선생님과 부모님과 어른들은 여러분이 잘 이겨 낼 수 있도록 응원하고 길을 제시할 뿐이지요. 결국 해답은 자기 안에 있으니까요. 그런 사실을 명심하면서 마음을 굳게 먹고, 이 힘한 세상을 주님 안에서 용기 있게 평안히 살아갈 수 있도록 함께 출발해 보아요.

모두 준비됐나요?
자, 그럼 다 같이 고민 탈출 여행을 시작해 볼까요!?

여는 글 2

자녀와 제자의 고민 때문에 걱정하시는 독자님들께…

　13살부터 18살 청소년을 위한 '1318 A to Z' 시리즈 1탄 '창조과학'과 2탄 '신앙질문'에 이은 세 번째 책으로 독자 여러분을 다시 만나게 되어 하나님께 감사드립니다. 저는 전문 상담사가 아니지만 주변에서 청소년기의 상처와 가정 환경 때문에 어려움을 겪는 청년들을 보고, 제 블로그에 갖가지 문제로 질문을 해 오는 젊은이들에게 답을 해 주면서 조금 더 일찍 알았더라면 좋았을 일이 많다는 생각에서 이 책을 집필하게 되었습니다. 이번에 변화하는 시대에 맞게 많은 내용을 수정 보완, 업그레이드해 개정판을 내놓습니다.

　A to Z 시리즈는 꼭 필요한 주제들을 기억하기 좋게 알파벳 키워드로 구성한 책입니다. 이 책에서는 각종 청소년 도서와 심리·정신 분석서, 상담서, 현장의 이야기 등을 참고했지만, 무엇보다 하나님이 성경을 통해 주시는 메시지를 생각했습니다. 또한 부모님보다는 아이들의 편을 드는 책이라고 말씀드릴 수 있겠습니다. 그리고 고민에 해답을 주기보다 함께 생각하며 나 자신을 바꾸고, 고민과 함께 성숙해지는 삶을 말하고자 했습니다. 물론 단호히 선언할 일은 분명히 했지만, 우선 저는 아버지와 크리스천 작가로서 아이들을 위로하고, 품어 주며, 용기를 주고 싶었습니다.

　어쩌면 청소년의 고민에 대한 심리학적인 해결책이나 일반 상담서에 나오는 것과는 조금 다르게 느껴질 수 있습니다. 예를 들면 아이들의 성 경험 나이가 어려지고, 교회에 다니는 아이들이라고 해서 다를 바 없는 것이 현실이라도 피임법을 알려 주거나 일반적인 성교육을 할 수는 없다는 것입니다. 그런 것은 학교와 사회에서 배울 수 있습니다. 이 책에서는 아무리 사람에게 고민이 있어도 하나님 편에서 옳은 것만을 말하고자 합니다. 결국은 그것이 모든 시대, 모든 세대를 불문하고 가장 좋은 해결책이니까요.

　이 책은 요즘 청소년의 현황과 실태를 말하기는 하지만 그것이 출간 목적은 아닙니다. 하나님 앞에서 모두가 행해야 할 것을 다루고자 했으며, 시간이 지나도 유익한 책이 되었으면 하는 마음으로 집필했습니다.
저는 부족한 사람입니다. 책 속 선생님의 말은 물론 저자인 제가 들려주는 것이지만 책을 위해 설정된 선생님이기도 합니다. 현실의 저는 꼭 그렇지 못해도 아이들 앞에서 자신 있게 모든 답을 함께 고민해 나가는 좋은 선생님으로 그렸습니다.

　부모님과 선생님들께 바라는 것은 이 책을 아이들에게 권하는 것에서 그치지 마시고 함께 읽어 주십사 하는 것입니다. 특히 한 테마를 마친 뒤에 나오는 〈좀 더 알아볼까?〉 부분은 꼭 읽어 주세요. 책 한 권으로 고민이 얼마나 해결되겠습니까. 다만 읽는 동안 힌트를 얻어 사고력을 키우고, 스스로 답을 찾는 과정에서 이 책이 동기 부여가 되었으면 합니다. 그러려면 옆에 있는 부모님과 선생님들의 관심이 꼭 필요합니다.
　바쁘신 가운데도 직접 읽고 정성껏 추천사를 써 주신 권장희 소장님, 이정원 교수님, 차길영 대표님께 진심으로 감사드립니다. 크리스천 청소년들이 이 땅에서 주님을 바르게 섬기며 사회의 행복한 구성원으로 사는 데 이 책이 도움이 되어 하나님께 기쁨이 되는 작은 열매들이 곳곳에서 맺히기를 간절히 소망합니다.

2024년 / 김재욱 드림

추천의 글 ● 4
여는 글 ● 8

Answer 대답	우리 인생의 모든 고민에 정답이 있을까요?	● 18
Being 존재	이 세상에서 나의 존재 이유는 무엇일까요?	● 22
Complex 열등감	남과 비교해서 생기는 열등감, 어떻게 극복할까요?	● 28
Doubt 의심	교회에 가기 싫고 하나님의 존재가 의심될 땐 어떻게 해요?	● 34
Effort 노력	노력이 중요하다지만 노력해도 소용없는 세상 같아요.	● 40
Friend 친구	친구 때문에 괴로워요. 진정한 친구가 정말 있을까요?	● 44
Gender 성	남자는 남자답게, 여자는 여자답게… 왜 꼭 그래야 하죠?	● 50
Hard-time 힘든 시간	사는 게 너무 힘들어요. 다 포기하고 싶을 땐 어떡하죠?	● 56
Idol 아이돌	스타를 좋아하고 '오타쿠'가 되는 것은 나쁜 일인가요?	● 62
Job 직업	어떤 직업을 가져야 할지, 무슨 준비를 해야 할지 모르겠어요.	● 68
Keeping 지키기	우리는 왜 이렇게 제약이 많고 지켜야 할 게 많은가요?	● 74
Love 사랑	자랄 만큼 자랐는데 우리는 사랑하면 안 되나요?	● 78
Manner 예절	우리가 버릇없다고 하는데, 예절은 어디까지 지켜야 해요?	● 84
No.1 넘버원/일등	일등만 최고인가요? 차별하는 세상이 정말 싫어요.	● 88

Online-addiction 온라인 중독	온라인 중독이 그렇게 위험한가요?	94
Parents 부모님	부모님의 잔소리, 너무 싫어요. 어른들은 왜 그러실까요?	100
Queer 성 소수자	동성애는 타고나는 것 같은데 왜 나쁘다고 하나요?	108
Reading 독서	책 읽기는 정말 싫은데 왜 자꾸만 읽으라고 해요?	114
Study 공부	공부하기 진짜 싫은데, 대학을 꼭 가야만 하나요?	118
Trauma 트라우마	안 좋은 기억들은 깨끗이 지우고 당당하게 살고 싶어요.	124
Ugly 못생김	못생긴 외모 때문에 속상해요. 멋있고 예뻐지고 싶어요.	130
Violence 폭력	폭력은 정말 싫어요. 피하려면 어떻게 해야 할까요?	138
World 세상	세상에서 우리는 어떤 생각으로 어떻게 살아가야 할까요?	146
XXX 음란물	야한 동영상과 성적인 생각에서 벗어나고 싶어요.	150
Youth 청소년	우리는 누구인가요? 어른인가요, 아이인가요?	154
Zone 지역/구역	이 땅에서 우리 1318 청소년들이 마음 둘 곳은 어디일까요?	158

쉬어가는 만화 ● 106
맺는 글 ● 162
상담 전화 안내 ● 167

START~~~~~

R E A D I N G G U I D E

❶ 26개의 알파벳 키워드 중 어떤 주제부터 읽어도 상관없지만
순서대로 읽는 것이 좋습니다.

❷ 각 주제의 본문 이후에 나오는 박스 기사 '좀 더 알아볼까?'는
해당 내용의 부연이나 심층적인 내용이므로 부모님이나 지도 교사들도
함께 보시기를 권합니다.

❸ 이 책은 '상담학' 차원에서 집필된 것이 아니며
저자가 설명하고 제시하는 내용은 학부모이자 작가 개인적 입장에서
성경과 일반 상식에 근거한 것입니다.

Answer

> 대답

우리 인생의 모든 고민에
정답이 있을까요?

Part 1. 하나님과 성경 안에서 해답 찾기

 애들아, 정말 반가워~~ 1318 고민상담 교실에 온 걸 환영한다. 창조과학과 신앙질문, 그리고 고민상담의 개정판에서도 이렇게 만났네.

 다같이 : 와~~ 선생님, 다시 만나서 반가워요!!

 그래. 너희들 이런저런 고민이 많지?? 지금부터 하나씩 풀어 보자. 물론 조언이라는 것이 모두에게 맞을 수도 없고, 결국 자기 문제는 자신이 결정하고 풀 수밖에 없지. 다만 우리는 가장 좋은 대답을 하나님께 구하고, 최선의 길을 찾아가고자 하는 거야.

그리고 너희들 혼자가 아니라 친구들과 선생님, 가족과 함께 고민하면서 풀면 힘이 날 거야. 특별한 고민이 있는 친구들이 있으면 데려와도 좋아. 함께 고민을 해결해 보자.

찬희 : 모든 문제에 해답이 있을 텐데 우리가 찾지 못하는 거겠죠?

 우람 : 길을 찾고 문제를 해결하는 건 너무 어려워요.

 사람이 가는 길은 한 개가 아니야. 우리에게 정해진 길은 없고, 하나님이 우리의 길을 어느 것 하나로 정해 놓고 그것만 찾아가게 하시지는 않는단다.

 예지 : 하긴… 그렇게 되면 운명론이 되겠네요.

 맞아. 운명론과 숙명론은 기독교와 거리가 멀어. 궁극적으로 인류와 세상의 모든 계획은 하나님께 있지만 개인의 일이 정해진 건 아니야. 하나님은 우리의 의지를 존중하신단다. 하나님은 한쪽 문이 닫힐 때 다른 문을 여시는 분이고, 무한한 가능성 안에서 영혼의 자유를 누리면서 살게 하시는 분이야. 우리가 좁은 길을 걸으면서 하나님 뜻에 맞는 방법으로 살아야 하는 건 맞지만, 무엇을 할지는 정해진 게 아니란다.

 우람 : 하나님이 주신 길이 각각 정해져 있는 줄 알았어요.

 하나님 뜻에 맞게 살면 어느 길도 상관없어. 삶은 예정된 길을 찾는 것이 아니고, 하나님이 매일 그 길을 알려 주시는 게 아니야. 무엇을 할지는 각자 선택이야. 하지만 모두 편하고 좋은 길을 추구하는데, 그런 삶은 많지 않지. 그런 특별한 길을 가지 못한 사람은 모두 실패자일까?

그렇지 않아. 모든 삶에는 나름의 기쁨과 의미가 있는 거야.

 소은 : 성경에는 모든 해답이 있다고 하는데, 우리 같은 청소년에 대한 해답도 있을까요?

 물론이지. 너희는 세상의 구분에 따라 청소년으로 불리지만 그냥 각각의 사람이야. 사회의 규범에 따른 제약이 많긴 하지만 한 사람의 성도란다. 성경의 모든 해답이 어른들만의 것이 아니라 너희의 것이기도 해. 성경은 모든 해답을 지니고 있어. 하나님이 우리 인간에게 주시는 완전한 말씀이기 때문이지.

하나님으로 말하건대 그분의 길은 완전하고 주의 말씀은 정제되었나니 그분은 자신을 신뢰하는 모든 자에게 방패가 되시는도다. (시편 18:30)

하나님의 길은 완전하며 말씀에는 불순물이 없지. 우리는 사람이라 완벽할 수 없지만 하나님을 의지하고 신뢰하면 위기의 때에 답을 주시고 방패가 되어 주신단다. 모든 시대의 훌륭한 성도들도 성경에서 지혜를 얻고 해답을 찾아갔지. 너희도 그들처럼 될 수 있어. 그들이 위대한 이유는, 유명하고 대단하기 때문이 아니라, 하나님을 기대하고 순종하는 삶을 살았기 때문이야. 항상 무엇이 될까, 무엇을 할까보다 어떻게 살까 하는 '삶의 태도'를 고민해야 해. 거기에 하나님의 뜻이 머무는 거야. 자, 모든 인생의 대답은 어디에서 온다고 했지?

 다같이 : 성경 말씀이요~~~!!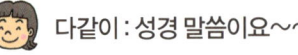

 그래. 이제 출발한다. 고민 있는 사람은 다 모여!!

성경에 모든 대답이 있다고 말할 수 있는 이유

 인격과 자아가 한참 성장하는 청소년의 여러 고민과 문제를 다른 사람이 해결해 줄 수 있을까요? 상담과 조언으로 남의 인생을 간단히 바로잡을 수 있다면 세상에 이렇게 고민이 넘쳐 나지는 않겠지요. 다른 사람의 조언은 자기가 얻으려는 답에 확신을 얹어 줄 수 있고, "아, 역시 이 길이 맞는 길인가 보다." 하고 느끼게 만드는 역할을 할 뿐입니다. 같은 문제라도 각 사람에게 필요한 정답은 다를 수 있고, 답이 하나만 있는 것도 아닙니다. 그래서 스스로 그 답을 찾도록 돕는 것이 가장 좋은 상담입니다. 어른들은 대개 청소년들을 자신들이 원하는 답으로 유도하지만 그렇게 해서는 삶을 스스로 헤쳐 가는 정상적인 어른이 되기를 기대할 수 없습니다.

 그러면 어차피 문제는 늘 남을 텐데, 성경에 해답이 있고 하나님 안에서 문제를 해결받는다는 의미는 무엇일까요? 그것은 우리가 가장 큰 고민, 가장 근본적인 문제를 해결받을 수 있다는 뜻입니다. 인간이 처한 문제는 결국 죽음입니다. 그리고 죄로 인한 지옥의 심판입니다. 이것을 가장 먼저 해결하지 않으면 어떤 행복도 무의미하기 때문에 부와 명예를 다 가진 사람들도 고통에 신음하다 죽어 가는 것입니다.

 일류 대학만 가면 소원이 없겠다는 학생과 학부모는 일단 좋은 대학에 붙으면 다른 문제도 남아 있지만 행복하지요. 비싼 등록금, 집에서 먼 거리, 학점을 잘 딸 수 있을지 등 해결할 문제가 많아도 괜찮습니다. 안 먹어도 배부르고 이제는 그 문제들을 즐겁게 해결해 나갑니다.

 이와 같이 우리가 천국을 소유하면 다른 문제들은 아무리 큰 고민이라도 모두 지나갈 일이며, 마귀가 아무리 날뛰어도 최후 승리가 보장돼 있습니다. 그래서 우리는 가장 먼저 죽음의 문제를 해결해야 합니다. 그러면 하나님 안에 있는 내 인생이 보입니다. 구원받은 사람은 천국의 소망을 바라보며 무슨 일을 하든지 하나님의 영광을 위해 살 것입니다. 그러면 그는 무엇을 해도 보람이 있고 가치 있는 삶을 살 수 있겠지요.

 사람이 성공하면 얼마나 성공할 수 있을까요? 구원의 확신이 있는 사람은 아무도 부럽지 않습니다. 이것이 모든 답은 하나님과 그분의 말씀 안에 있다고 하는 이유입니다. 인생의 A부터 Z까지 무사히 가려면 첫 단추를 잘 끼워야 합니다. 바른 답(Answer)은 항상(Always) 성경 안에 있다는 사실을 알고 그 길을 잘 찾아가는 우리 청소년들이 되기를 간절히 바랍니다.

Being *(존재)*

이 세상에서 나의 존재 이유는 무엇일까요?

Part 2. 내가 살아가는 목적과 존재감 찾기

 세상 모든 사람이 가진 의문이 있단다. 인간의 가장 원초적인 질문이야. 바로 자기 존재에 관한 세 가지 물음이지.

 예지 : 알아요. 나는 누구인가? 어디로부터 왔는가? 어디로 가는가?

 그래. 아주 잘 알고 있구나. 바로 그 세 가지 질문이란다. 이 해답을 모르면 사람은 방향을 잃게 돼. 이 문제의 해답에 따라 삶의 태도도 바뀌고, 세계관도 달라지고, 다른 사람을 대하는 태도 등 모든 것이 결정되지.

 우람 : 사후 세계가 없다고 믿으면 세상에서 최대한 많은 것을 누리며 오래 살고 싶어 하겠죠.

찬희 : 지옥도 없다고 믿으면 두려움 없이 남에게 함부로 할 수도 있을 것 같아요.

 소은 : 하나님이 없다고 생각하면 심판을 두려워하지도 않을 테고요.

 맞아. 우리는 가장 먼저 영혼의 문제를 해결해야 해. 왜냐하면 누구나 죽음을 앞두고 있기 때문이지. 이 가장 중요한 문제는 이어지는 박스 페이지를 꼭 읽어 보도록. ^^
그러면 우리가 살고 있는 사회에서의 존재는 어떨까? 일단 살면서 다른 사람에게 피해는 주지 말아야겠지. 세상은 혼자 사는 곳이 아니야. 누군가는 희생하고 봉사해야 정상적으로 돌아가지. 사회에서 주어진 의무를 성실히 감당하고, 불법적인 일에 가담하지 않으면서 건전한 시민이 되는 것이 중요해.

 우람 : 그런데 뭔가 특별히게 대단한 사람이 돼야 잘되는 것처럼 생각이 돼요.

 예지 : 평범한 건 왠지 시시하고, '평범한 사람'이 장래 희망이라고 하면 이상하게 보죠.

 그렇겠지. 하지만 이건 아주 중요해. 유치원 때는 다 천재인 줄 알았는데 갈수록 현실을 깨닫고 제일 좋은 대학교에서 그보다 못한 곳으로 점점 낮추지. 그러면서 자기 분수를 알아 간다고 하는데, 이런 생각으로 살면 0.1 퍼센트를 뺀 나머지는 모두 불행한 실패자가 되고 만단다.

예지 : 알지만 어쩔 수 없는 현실이에요.

 천재만 대단하고, 공부를 잘하면 자동으로 지혜로운 사람이 될까? 그렇지 않아. 어떤 학교만 좋은 학교인 것은 아니야. 좋은 점이 많아도 자기한테 맞지 않거나 원하는 배움을 이룰 수 없다면 진정으로 하고 싶은 공부를 할 수 있는 작은 학교보다 못할 수도 있는 거지.

 찬희 : 그런 생각을 누가 알아주나요, 뭐….

 그래도 누군가는 바꿔야지. 세상을 위해서도 그렇지만 무엇보다 너희 자신을 위해 그런 패배감에서 벗어나야 해. 자괴감과 좌절감 때문에 우울한 아이들이 얼마나 많니? 공부를 못하면 큰 죄인이야? 왜 아이를 위한 길인데 그것 때문에 아이들이 벼랑 끝으로 내몰려야 하지? 공부를 계속 잘해 온 아이들도 거기서 추락하는 것을 두려워하는데, 이 역시 사회와 가정이 심어 준 부담 때문이기도 해.

 우람 : 어쨌든 저희는 늘 비교당하는 느낌이에요.

 그래. 그럴 거다. 그러니까 더더욱 그런 잘못된 세상에서 정신을 차리고 살아야 하는 거야. 너희 존재는 하나님 안에서 무척 소중해. 그걸 하찮게 여기도록 만드는 모든 일에 순응해선 안 돼. 목표가 점점 낮아진다고 해

도 너희들이 점점 시시해져서 그런 게 아니야. 경쟁이 치열해지기 때문이지. 그리고 원래 어릴 때는 이미 성인인 부모님의 도움으로 세상을 살 수밖에 없기 때문에 어린데도 큰 능력이 있는 것 같고, 작은 일에도 칭찬을 받게 되니까 뭐든 할 수 있다는 만능감에 젖어 살게 되는 것이 자연스러운 일이야.

 우람 : 맞아요. 저도 어릴 때 잘생겼다는 소리를 엄청 들었는데 지금은 아무도 안 하니까 제가 잘생긴 것도 아닌데 괜히 서운해요. 히히.

 소은 : ㅋㅋㅋ 그래도 양심은 있구나?

 우람이처럼 자신을 볼 줄 알면 돼. 하나도 서운할 것 없어. 그걸 부정하고 좌절하면 그때부터 절망의 길로 접어들고 무리한 일도 하게 돼. 어릴 때 칭찬만 들은 아이도 자라면서는 현실을 깨닫고, 그것이 전부가 아님을 알게 되면서 부모님과 점차 분리되어 사회인으로 자리매김하거든. 그런데 요즘 사람들은 부모가 계속 아이를 처음부터 끝까지 따라다니면서 돕고 긴밀한 관계를 놓지 않기 때문에 여전히 아이 같은 만능감으로 살아. 그래서 어릴 때 받은 칭찬을 받지 못하면 서운하고, 실패자처럼 느껴지는 거란다.

좌절은 대단한 일이 아니고, 일생 동안 겪어야 하는 일이야. 세상이 무너지는 큰일이 전혀 아니란다. 우리의 눈높이가 어릴 때와 달라지고 현실에 부닥치는 것은 실패가 아니라 당연한 수순인 거야. 전국 유치원에서 대통령 희망자, 미래의 훌륭한 과학자나 미래의 스티브 잡스, 일론 머스크가 수만 명이나 될 걸?

그러면 그 아이들이 다 꿈을 이룰 수 있을까? 당연히 아니지. 그러면 그 아이들은 다 낙오자이고 실패자일까? 소위 SKY라고 불리는 대학교를 다 합쳐도 수십만 고등학생을 1%도 수용하지 못하는데, 어째서 1% 안에 드는 사람만 대단한 거지? 이건 관점이 완전히 잘못된 거야. 누가 학교를 만들었을까? 왜 학습으로만 경쟁하는 걸까? 체육이나 미술, 게임, 유머, 요리, 춤, 노래로 대결하면 순위가 확 바뀔 텐데 말이지.

우람 : 맞아요. 그런 생각을 하긴 하는데 현실에서는 여전히 답답해요.

그건 자신들만 잘살려는 사람들이 만든 잘못된 구분법이야. 소수 엘리트 기준에서 무능하고 못나면 존재감이 사라지고, 그런 사람은 차라리 없어지는 것이 모두에게 도움이 된다는 식으로 몰아가는 거지. 평범한 존재감을 깨닫는 것은 못난 주제를 파악하는 것이 아니고, 진짜 존재를 알아 가는 과정이야. 진짜 위대함은 자기 자리를 지키는 것이란다. 그런 사람들이 세상을 지켜 온 거지. 이런 걸 모르는 사람이 대단한 자리에 가고 유명해지면 성숙한 역할을 수행할 수 없는 위험한 무기가 되는 거란다. 우리의 존재 이유는 하나님이 만드신 세상이 무너져 갈 때 희망을 주는 거야. 복음을 선포하는 동시에 사회에서 좀 더 일하고 희생하면서 영적으로나 육적으로 생명을 살리는 일을 한다면 참된 존재감을 느낄 수 있을 거야.

소은 : 네. 명심할게요! 왠지 숨통이 조금 트이는 느낌이에요~.

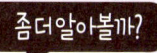

거듭나지 못한 '존재'는 영원한 사망으로

아담 이후로 태어난 모든 존재는 시키지 않아도 죄를 짓게 되었습니다. 하나님은 아담과 하와(이브)가 죄를 지은 상태에서 생명 나무 열매를 먹고 영원히 살까 봐 그들을 에덴동산에서 내보내셨지요. 주기적으로 고통이 찾아오는 삶을 영원히 사는 것은 끔찍한 일이니까요. 그래서 하나님은 사람이 죽게 두시고 다시 살리는 방법을 택하신 것이지요.

천사 같은 천상의 존재들은 영적인 몸이라 죽지 않습니다. 이들은 한 번 타락해서 죄의 몸이 되면 죽었다가 부활할 수가 없고, 예수님도 그들의 죄를 위해 죽어 주실 수 없습니다. 그래서 타락한 그룹(cherub)인 사탄 마귀와 그의 졸개인 타락한 천사들은 되돌릴 길이 없고 그들도 의지가 없기 때문에 어떻게든 세상을 망치고, 사람들을 지옥으로 끌고 가려고 하나님을 대적하는 것입니다.

사람도 존재 자체는 죽지 않고, 육신의 장막인 육체와 분리됩니다. 사람이라는 존재는 다 하나님의 거룩한 형상을 지닌 창조물이지만 아무 조치도 하지 않으면 지옥에 갈 수밖에 없습니다. 그러나 세상에 공짜는 없으니 누군가 대가를 치러야 하는데, 하나님의 기준은 희생 제사였습니다.

매일 짓는 죄는 불완전한 짐승의 피로 제사를 드렸지만(구약), 영원히 죄를 씻으려면 깨끗하고 '죄 없는 인간'의 완전한 피를 바쳐야 했습니다. 인간 중에 그런 자가 없었기 때문에 하나님의 본체이신 예수님이 직접 온전한 사람이 되셔서 드려질 때 그 몸에 인류의 모든 죄와 저주를 받아 해결하신 것입니다. 이것을 믿으면 구원받습니다.

그리스도께서 우리를 위해 저주가 되사 율법의 저주에서 우리를 구속하셨으니 기록된바, 나무에 달리는 모든 자는 저주 받았느니라, 하였느니라. (갈라디아서 3:13)

'being'은 존재 자체를 말합니다. 그런데 우리 모두는 악하다고 말씀하시지요.

그런즉 너희가 악할지라도(being evil) 너희 자녀들에게 좋은 선물들을 줄 줄 알거든 하물며 하늘에 계신 너희 아버지께서 자기에게 구하는 자들에게 좋은 것들을 얼마나 더 많이 주시겠느냐? (마태복음 7:11)

원래 악한 존재가 선하게 되는 길은 예수님의 피로 다시 태어나는 것밖에 없습니다. 인간의 존재(Being)는 다시 태어날(Born again) 때만 비로소 의미를 지닌다는 것을 꼭 기억하세요.

Complex

> 열등감

남과 비교해서 생기는 열등감, 어떻게 극복할까요?

Part 3. 나의 부족함을 에너지로 바꾸기

 자, 이제 본격적인 1318의 궁금증을 알아볼까? 이번 주제는 열등감, 콤플렉스야. 열등감이 없는 사람은 아무도 없지?

 우람 : 네… 당연하죠.

 너희 열등감도 궁금하지만 남의 콤플렉스는 막 묻는 게 아니야. 쉽게 말할 수 있다면 열등감이 아닐 테니까 묻지는 않을게. 아마도 너희들의 열등감은 외모, 성적, 가족 문제, 돈 문제, 또 성격 문제 등등 엄청나게 많겠지?

 찬희 : 네. 다들 아닌 척하지만 힘든 일이 있죠.

 소은 : 열등감을 극복하라는 이야기는 많이 들었지만 사실 크게 와닿지는 않아요.

우람 : 맞아요. 환경과 여건이 안 바뀌는데 열등감을 극복할 수 있어요?

 예지 : 열등감을 안 느끼려고 해도 세상이 그렇게 만들어요.

 맞아. 공부 잘하면 점심 급식도 먼저 먹게 해 주는 학교도 있다면서? 이런 건 크게 잘못된 일이야. 학교에서조차 이렇게 하면 성적 낮은 아이들이 얼마나 속상하겠니…. 하지만 세상은 어차피 그리 공평하지 않아.
그럴 때마다 속상해 할 필요가 없어. 열등감은 자기보다 나은 사람을 볼 때만 느끼는 건 아니야. 누가 낫고 못하다는 개념은 누가 정한 거지? 임금도 자유로운 광대를 보고 부러움을 느낄 수 있듯이 일단 내가 남들보다 좀 부족해도 당당해야 돼. 나를 부러워하는 사람도 있다니까.

 소은 : 그건 그래요. 맨날 다이어트 한다는 날씬한 친구들이 제 식생활을 부러워하기도 하죠.

 우람 : 하하하, 그게 그거랑 같냐??

 아니야. 일리가 있어. 소은이의 그런 시원시원한 성격을 부러워하는 친구들도 많을 거야. 그런데 콤플렉스라는 말에는 원래 '복잡한'이라는 뜻이 있지?
종합운동장을 스포츠 콤플렉스(Sports Complex)라고 하듯이 무언가 관련이 있는 것들의 복합체라는 뜻이 있어. 그러니까 열등감은 한마디로 복잡한 거야.

찬희 : 정말 그러네요. 열등감을 느낄 때는 정말 마음이 복잡해요.

 예지 : 맞아요. 다 떨쳐 버리고 단순해졌으면 하는데 잘 안 돼요. 더 또렷해지죠.

 자, 그럼 열등감이라는 감정을 단순하게 생각해 볼까? 선생님은 열등감을 '에너지'라고 정의하고 싶어. 배터리 같은 에너지 말이야. 열등감은 두 방향으로 작용할 수 있거든. 어떤 사람은 열등감 때문에 자신을 망치고, 세상을 탓하고, 남을 욕하면서 점점 못난 사람이 되지. 그러면서 자기보다 나은 사람들을 인정하지 못하고 무조건 욕하기도 해.

 찬희 : 맞아요. 부자나 연예인, 유명인의 뉴스에 무조건 악플을 다는 사람들도 있죠.

 그런데 어떤 사람들은 자기가 느끼는 열등감을 극복하기 위해 열심히 노력하고, 욕할 시간에 나도 저 사람처럼 되겠다는 생각으로 잠자는 시간을 아끼며 안간힘을 쓰기도 해. 그러다 보면 어느새 자신도 남들만큼 성장해 있다는 것을 알게 되지.

 예지 : 아… 저는 그런 사람이 되고 싶어요!

 소은 : 저는 아무래도 절망하는 스타일인 것 같아요.

 모두가 당장 노력할 수 있는 건 아니야. 하지만 최소한 열등감 때문에 무너지지는 말아야지. 우리는 모두 같은 무게의 인격을 지니고 있어. 사람의 능력은 하나님이 주신 기능의 차이야. 더 우월하고 굉장한 존재라서 잘난 사람인 게 아닌 거야. 필통을 열어 보면 비싼 펜도 있고, 샤프도 있고, 형광펜도 있지? 어느 것이 더 비싸고 대단해서가 아니라 필요에 따라 쓰잖아. 일 년에 몇 번밖에 안 쓴다고 중요하지 않은 건 아니야. 시험 볼 땐 컴퓨터용 수성펜이 없으면 아예 시험을 못 보고, 형광펜이 없으면 중요한 곳이 눈에 잘 안 띄지. 지워야 하는 글씨는 샤프로 써야지 볼펜으로 쓰면 안 되겠지?

 우람 : 히히. 게임에서도 자주 안 쓰이지만 결정적인 때 필요한 것이 있어요.

 소은 : 그런 쪽으로는 응용이 빠르군. 칭찬이다~.

 에너지의 근원은 태양이야. 우리가 1편 창조과학에서 배웠듯이 태양에 너무 가까이 가면 다 타 죽고 말아. 또 너무 멀어지면 다 얼어 죽게 되지. 열등감은 바로 이런 것과 비슷해. 내가 부족하다는 생각에 너무 깊이 빠지면 열등감에 잡아먹히지. 늘 남들과 비교하면서 괴로워하고 말이야. 반면에 너무 열등감을 의식하지 않으면 발전이 없어. 노력하면 할 수 있는데도 "에이, 나는 꼴찌 해도 돼. 노력할 시간에 잠을 자든지 게임이나 할래." 이러면 그 사람은 죽을 때까지 늘 밑바닥 생활을 할 수밖에 없겠지. 정말 의지는 있는데 여건이 안 되는 경우를 말하는 게 아니야. 할 수 있는데도 안 하면 그렇다는 말이란다.

예지 : 정말 열등감 때문에 삶을 포기하거나 사회의 낙오자가 되는 사람도 있는 것 같아요.

 사람은 강해 보여도 무척 나약한 존재야. 아주 작은 감정에도 흔들리기 쉽고 파멸할 수 있단다. 김밥 싸는 '김' 있지? 김은 종잇장처럼 얇고 연약해서 불에 구울 때 잘 구워야 돼. 조금만 다가가도 불이 붙고, 멀리 있으면 눅눅해지지. 불에 적당히 다가갔을 때 비로소 완성되는 거야. 사람은 김, 열등감은 불과 같아. 자기 자신을 잘 조절하면 열등감을 발전의 원동력으로 삼을 수 있단다.

 찬희 : 세계적으로 성공한 사람들을 보면 핸디캡과 실패를 이겨낸 경우가 많더라고요.

 소은 : 음… 저도 열등감 때문에 고민만 하지 말고 하나씩 극복해 보고 싶어요.

 그래. 소은이의 장점이 얼마나 많은데. 너무 큰 목표보다는 작은 것부터 하나씩 해 나가다 보면 조금씩 열등감에서 벗어나고, 자신감은 늘어날 거야. 열등감은 괴물 같을 때도 있지만 친구로 삼으면 나를 밀어주는 에너지가 될 수도 있다는 것을 잊지 마. 하나님의 자녀라는 자신감을 가지면 해낼 수 있을 거야. 콤플렉스를 심플하게 '에너지'라고 생각해 보면 조금씩 극복할 수 있을 거야.

 우람 : 콤플렉스는 어쩌면 우리의 배터리 같은 거네요~!!

 빙고~ 열등감을 아주 없앨 수 없다면 까짓 거, 함께 가는 거야. 누구에게나 있는 자연스러운 감정이니까. 자신감을 갖고 조금씩 노력해 보자~!!

열등감과 욕심, 그 차이에 대하여

　남이 가진 것이 부럽고, 나는 없어서 괴로운 것… 그것도 열등감이기는 합니다. 그런데 우리가 조금 혼동하는 부분이 있습니다. 내가 가져선 안 될 것, 또 남이 정당하게 가진 것까지 탐내거나 인정하지 못하면 안 됩니다. 그것은 열등감 이전에 시기, 질투, 욕심이겠지요. 노력도 안 하면서 열심히 정진해 특정한 자리까지 올라간 사람을 욕하고 깎아내리는 것은 바른 자세가 아닙니다.

　성경에 나오는 사울 왕은 인물이 출중하고, 하나님의 기름 부음을 받은 훌륭한 왕이었지만 갈수록 자신을 지키지 못했습니다. 특히 다윗이 나타나 주목받자 그에게 열등감을 느꼈지요. 사울은 다윗에게 군사들을 다스리게 했는데, 다윗은 늘 지혜롭고 용맹했습니다.

　한번은 다윗이 적을 쳐부수고 돌아올 때, 여인들이 이스라엘의 모든 도시에서 나와 노래하고 춤추며 "사울이 죽인 자는 수천이요, 다윗은 수만이로다" 하며 사울 왕을 맞이했습니다(사무엘상 18:7). 다윗이 사울보다 더 많은 적을 죽였으니 더욱 용맹하다는 뜻이지요.

　여기서 사울은 잘 결정해야 했습니다. 다윗보다 더 잘하든지, 그를 인정하고 협력하든지…. 그러나 열등감은 사람의 판단력을 흐리게 합니다. 사울은 크게 화를 내며 불쾌해했지요. 이제 다윗은 왕의 자리 외에는 더 올라갈 곳이 없으니 불안해진 것입니다. 다윗은 왕의 자리를 넘보지 않는 충실한 신하였지만 사울은 열등감 때문에 다윗을 시기하여 죽이고자 했습니다. 그래도 다윗은 사울을 죽일 수 있는 기회도 피하며 인내하여 사울이 적군에게 죽임을 당한 뒤에 왕좌에 오르게 되지요.

　그러나 지혜로웠던 다윗도 커다란 죄를 짓습니다. 남의 아내인 밧세바를 보고 음욕에 눈이 멀어 그녀를 갖기 위해 온갖 수단을 동원합니다. 다윗은 밧세바의 남편인 장군 우리야를 가장 치열한 전장으로 파견해 죽게 만들지요. 이것은 충동적인 것이 아닌 치밀하게 계획한 고의적 간접 살인입니다. 다윗은 하나님 앞에 범죄했고, 후에 침상이 눈물로 썩을 정도로 회개를 합니다. 다윗은 사울에 비해 열등감이 없었지만 남의 아내를 향한 탐욕을 지녔던 것입니다.

　열등감은 사람을 분발하게 만들 수도 있고, 스스로를 무능한 바보로 만들 수도 있습니다. 하지만 탐욕은 다른 사람에게 피해를 입히고 스스로도 파멸할 수 있는 악한 힘입니다. 마음에 열등감이 다가올 때 그것이 욕심인지 분별할 필요가 있습니다. 그래야 자신이 무너지지 않기 때문입니다. 열등감(Complex)을 자신감(Confidence)으로 바꾸려면 욕심부터 버려야 합니다.

Doubt

> 의심

교회에 가기 싫고 하나님의 존재가 의심될 땐 어떻게 해요?

Part 4. 하나님을 오해하지 않는 사람 되기

 이번에는 다른 친구의 고민이네? 하나님이 정말 계시는지 모르겠다고?

 우람 : 네. 저희 친구 진수예요. 교회에 다니긴 하는데, 요즘은 나가다 안 나가다 한대요.

 진수 : 저는 어릴 때는 열심히 교회에 가고 하나님을 믿었는데요. 솔직히 요즘은 하나님이 안 계신 것 같아요.

 어서 와, 반가워~. 그런 생각이면 주일에 교회에 갈 필요를 못 느끼겠구나?

 우람 : 그러면 안 되는데… 하면서도 자꾸 귀찮아져서 주일에는 늦잠도 자고 그런대요.

 음… 그럴 수 있어. 신앙이란 것은 오르내림이 있는 거야. 늘 각성한 상태로 최적

의 상태를 유지하는 사람은 없어. 그런 사람들이 오히려 좀 이상한 사람들이야.

진수 : 의외네요. 부모님이나 어른들은 저만 보면 큰일이라고 걱정을 많이 하셔서 스트레스예요.

싫은데 어떻게 억지로 가. 하지만 계속 가기 싫다면 문제가 있는 거겠지? 무슨 문제일까? 바로 구원을 받지 못했다는 거야. 구원받은 사람도 슬럼프에 빠지고, 좌절과 실망에 빠질 수 있지만 계속 하나님을 떠나서 살지는 못해. 다시 태어난 사람들은 그리스도의 지체이고, 그들의 보이지 않는 모임을 '교회'라고 하지(세상에서 모이는 장소도 교회라고 부르지만). 이미 한 몸인데 떨어져서 계속 혼자 지내는데도 아무렇지 않다면 그건 원래부터 지체가 아니었던 거겠지.

예지 : 그런 친구들은 꼭 교회에 가야 하느냐면서, 믿어도 혼자 믿는대요.

갈 만한 교회도 없고, 사람들도 싫어서 혼자 믿음을 간직한다는 사람들의 사정도 있어. 그런데 교회는 사람을 보러 가는 곳이 아니야. 신앙은 혼자서 유지하기 힘들어. 겨우 구원은 받을지 몰라도 성숙하고 성장하기가 쉽지 않단다.

소은 : 하나님은 우리가 모이기를 원하시잖아요.

바로 그거야. 하나님께서는 다 이유가 있어서 우리에게 모이라고 하셨지.

어떤 사람들의 습관과 같이 우리의 함께 모이는 일을 폐하지 말고 서로 권면하되 그 날이 다가옴을 너희가 볼수록 더욱 그리하자. (히브리서 10:25)

보라, 형제들이 하나가 되어 동거함이 어찌 그리 좋으며 어찌 그리 기쁜가! (시편 133:1)

이렇게 하나님 말씀은 모이는 일에 힘을 기울이면 우리에게 유익이 있다고 말씀한단다.

 예지 : 교회에는 문제도 많지만 좋은 친구도 많고, 아무리 그래도 세상 모임보다는 건전하고 바른길을 가르치니까요.

 그래. 선생님도 지금까지 제일 친한 친구들이 학교 동창이 아니라 어릴 때 교회 친구들이야. 같은 믿음을 가지고 선하게 살려는 친구들이 있어서 얼마나 큰 힘이 되는지 몰라. 우리는 어차피 혼자 살아갈 수 없어. 그럴 때 같이 기도해 줄 수 있는 친구가 있다는 건 정말 큰 재산이야.

 우람 : 그러니까 진수야, 교회도 다시 나가고, 신앙을 회복해 봐.

 성경은 혼자보다 둘이 낫다고 하면서, 혼자는 넘어져도 일으켜 줄 사람이 없다고 말씀한단다.

또 두 사람이 함께 누우면 그들이 따뜻하게 되거니와 사람이 어찌 홀로 따뜻할 수 있으리요? 누가 그를 쳐서 이기면 두 사람이 그와 맞서리니 세 겹 줄은 빨리 끊어지지 아니하느니라. (전도서 4:11~12)

진수 : 네. 알겠어요. 그런데 사실은 교회에 가도 별로 친한 애들이 없고, 하는 일도 없어요.

 교회에서 진수가 조금 서운했나 보구나. 너희들, 교회에 혼자 있는 친구나 처음 보는 친구가 있으면 가서 챙겨 주고 다음 주에도 꼭 나올 수 있게 잘 대해 줘야 해. 그리고 진수는 교회 반 선생님께 네 이야기를 하면서 도움을 청해 봐. 진수도 먼저 조금 더 다가가려고 노력하고. 교회에서 자기 재능을 발휘할 수 있는 일을 찾아서 함께 하는 것도 좋겠지.

 우람 : 진수는 그림에 달란트가 있어요. 부러워요~.

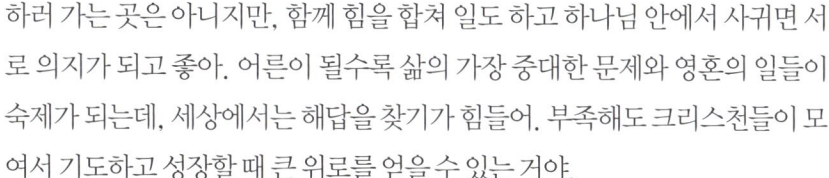

 그럼 교회 꾸미기나 행사 때 전도사님이나 선생님들을 도와서 봉사할 수 있겠네. 교회가 일하러 가는 곳은 아니지만, 함께 힘을 합쳐 일도 하고 하나님 안에서 사귀면 서로 의지가 되고 좋아. 어른이 될수록 삶의 가장 중대한 문제와 영혼의 일들이 숙제가 되는데, 세상에서는 해답을 찾기가 힘들어. 부족해도 크리스천들이 모여서 기도하고 성장할 때 큰 위로를 얻을 수 있는 거야.

 진수 : 하나님이 진짜 존재하는지 의심이 되면 저는 구원을 못 받은 건가요?

 의심이 가는 것은 당연한 거야. 그래야 자꾸 점검하고, 이 길이 맞는지 생각하게 되지. 사람은 연약한 존재이기 때문에 귀도 얇고 마음도 약해서 시시각각 마음이 바뀌기도 해. 너희들이 진화론을 자꾸 배우고, 세상 철학자와 다른 종교인의 말에 귀를 기울이면 하나님의 존재는 점점 멀게 느껴질 거야. 그래서 우리가 서로 모이고 뒤처진 신앙을 말씀으로 다시 북돋울 필요가 있는 거지.

 진수 : 과학 시간이 제일 힘들어요. 과학을 배우면 하나님의 존재부터 성경에 나오는 에덴동산은 진짜 있었는지, 정말 세상을 6일 동안 만드셨는지, 이런 게 다 의심돼요.

 TV를 봐도 교육 방송부터 진화론으로만 논리를 펴니까 그럴 수 있어. 그것만 과학이라니까 말이야. 그런데 무엇이든 저절로 생겨서 점점 질서를 지니면서 발전했다는 진화론의 비논리를 믿는 이유는 무엇일까? 상식을 지닌 사람이라면 그런 일이 불가능하다는 것을 알아야 하는 것 아닐까? 우리가 흔히 쓰는 빨대 한 개만 보아도 밑부분이 사선으로 잘려 있지. 똑바로 자르면 바닥에 닿아 잘 올라오지 않기 때문에 누군가 생각해서 설계한 거야. 이런 의도된 '디자인'은 누군가 지적인 존재만이 할 수 있는 거지. 세상과 자연은 엄청나게 복잡하고, 설계되지 않았다면 이루어질 수 없는 것들로 가득해. 그 모든 것이 저절로 생겨서 스스로를 디자인할 수는 없다는 것을 인정한다면 답은 오직 창조뿐이라는 걸 알 수 있겠지. 자, 진수는 곰곰이 생각해 보고 꼭 기도해 보자.
우리도 함께 기도할게~.

 진수 : 네. 꼭 생각해 볼게요. 감사합니다!!

 우람 : 오~ 진수야, 진짜지? 기다릴게~~ 부담 팍팍~!!!

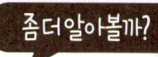

의심이 될 때 포기하지 말고 깊이 생각해 보기

학교에 다니면서 과학을 배우니까 성경이 의심되고, 진화론이 진짜 과학처럼 느껴지는 친구들이 많을 겁니다. 창조를 이야기하면 친구들이 비웃을 테고요. 그러나 진화가 사실이라는 증거는 없답니다. 그것이 과학이라고 하니까 그냥 믿는 것뿐이지, 사실상 과학이 아닙니다. 전혀 이치에 맞지 않고요. 종교보다 더 큰 믿음일 뿐이지요.

진화론의 증거를 대라, 어떤 생물이 진짜로 무엇으로부터 진화됐는지 증거를 대라고 하면 아무도 제대로 된 증거를 댈 수 없습니다. 온 세상의 화석에도 진화의 중간 종은 없습니다. 찰스 다윈은 『종의 기원』을 발표할 당시에 자신의 상상력을 증명해 줄 화석들이 많이 발견될 줄 알았지만 그가 죽을 때까지, 그리고 거의 모든 화석이 발견된 오늘날까지 그런 것은 단 한 점도 없었습니다.

하나님이 세상을 창조했다고 기록한 성경만이 미래에 있을 모든 일까지 예언했고, 그것은 다 이루어지고 있습니다. 이것은 우상 잡신이 해낼 수 없는 일이지요. 인간은 의미 없이 왔다 가는 물질이 아닙니다. 우리를 창조하신 하나님은 인간을 무척 사랑하십니다. 사람이 자기가 만든 것에 애착을 가지듯이 하나님도 우리를 그렇게 만드셨습니다.

세상은 온갖 자연재해와 테러와 범죄와 음란이 가득합니다. 하나님마저 없다면 우리에게 무슨 희망이 있을까요? 이렇게 흐트러지는 세상이 정말 우리가 원하는 곳입니까? 이것은 마귀의 일입니다. 결단코 그냥 벌어지는 것이 아니라 영적인 일인데, 이런 곳에서 믿음도 없이 산다는 것은 너무나 위험한 일입니다.

아무리 바쁜 사람도, 아무리 인기 있는 사람도 혼자 남을 때가 있지요. 누구나 반드시 자신을 만든 절대자와 대면하게 되어 있습니다. 그 시간을 회피하고 흘려보내지 마세요. 모든 사고력을 동원해 과연 하나님이 참된 신인지, 예수님이 진정한 구세주인지 판단하고 결단하세요. 그 이후로도 의심이 들면 기도하고 마음을 추슬러 교회로 발길을 돌리고 성경으로 눈길을 돌려 보세요. 어리석은 의심은 마귀의 미혹입니다. 하나님이 아닌 세상 사람들의 조롱을 두려워하면 바른 판단을 할 수 없습니다. 양심의 소리에 귀를 기울이고 용기를 지녀야 세상을 이길 수 있습니다. 하나님의 뜻대로 하는 의심은 구원에 이르게 하지만, 믿음에서 멀어지게 하는 의심은 하나님으로부터 오는 것이 아닙니다. 하나님의 존재와 말씀을 의심(Doubt)하게 하는 마음은 마귀(Devil)가 주는 것입니다. 그럴 때마다 기도와 말씀으로 물리치세요.

Effort

노력

노력이 중요하다지만
노력해도 소용없는 세상 같아요.

Part 5. 노력과 열매의 관계 잊지 않기

 너희들, 노력과 재능 중에 어느 것이 더 중요한 것 같니?

 찬희 : 노력이요. 열심히 하는 사람은 못 당하는 것 같아요.

 소은 : 전 재능이 더 중요한 것 같아요. 노력으로도 안 되는 게 있으니까요.

 둘 다 일리가 있는 말이야. 문제는 잘 못하던 것도 노력으로 되는 부분이 분명히 있다는 거지.

 예지 : 제 생각에도 노력을 통해서 의외로 많은 것을 할 수 있는 것 같아요.

 중요한 것은 '관심'이야. 관심이 있으면 굉장히 많은 걸 할 수 있어. 배우지도 않은 그림을 자기만의 노력으로 정말 멋지게 그리는 사람들도 있고, 끊임없는 연습을 통해 인간의 한계를 넘어서는 갖가지 놀라운 묘기를 보여 주는 사람들도 있지. 이 모두가 관심이 있고 목표가 있기 때문이야. 그리고 노력과 재능만큼 중요한 것이 '센스'야. 센스와 눈썰미가 있으면 많은 분야를 빨리 배우고 또 눈치껏 잘할 수 있어. 물론 잔머리를 굴리는 것과는 당연히 다른 것이란다.

 소은 : 어쨌든 아무리 해도 안 되는 일도 있잖아요. 좀 불공평해요.

 물론이지. 능력의 차이와 한계는 분명히 있어. 그건 인정해야 해. 하지만 하나님은 우리 모두에게 각기 다른 달란트를 주셨지. 그에 따라 자기 나름의 결실을 거둘 수 있어. 남과 비교하지 말고, 서로 다름을 인정하면 돼. 또한 하나님은 노력으로 선의의 경쟁도 할 수 있다고 말씀하신단다.

> 경주할 때에 달리는 자들이 다 달릴지라도 한 사람이 상을 받는 줄을 너희가 알지 못하느냐? 너희도 상을 받도록 이와 같이 달리라. (고린도전서 9:24)

이 말씀은 남을 밟고 승리하라는 교훈이 아니고 스스로 절제하라는 자기와의 싸움을 말하는 것이지만, 하나님 앞에서는 일종의 노력이지. 모두가 상을 받는 건 아니니까. 물론 이것은 구원이나 천국에 가는 문제를 말하는 것이 아니야. 천국은 능력과 상관이 없고, 오직 믿음으로 갈 수 있어. 다만 이 말씀은 성도의 삶을 통해 성령의 열매를 거두는 사람에게 주어지는 하나님의 보상을 말하는 거야.

우람 : 저도 꼭 받고 싶지만… 못 받으면 거기서도 비교당하는 거예요? 비교는 정말 싫은데….

 천국에서는 시기와 질투가 없어. 이 땅에서는 사촌이 땅을 사면 배가 아플 수도 있지만, 우리 모두가 하나님이 원래 만드신 모습으로 죄의 모습을 벗고 천국에 들어가기 때문이지. 오히려 남이 상을 받으면 더 기쁠 걸? 그리고 상을 받을 수 있었던 것도 주님의 은혜 때문이었으니까 말이야.

중요한 것은 세월을 아껴서 열심히 땀을 흘리는 것은 성경적 원리에도 부합한다는 거야. 이 원리는 천국의 원리뿐 아니라 이 땅의 원리이기도 해. 하나님은 우리가 약한 자를 돌아보길 원하시지만, 일하지 않은 자는 먹지도 말라는 말씀처럼 땀의 대가와 게으름에 대해 경고하신다는 사실을 기억해야 해.

속지 말라. 하나님은 조롱당하지 아니하시나니 사람이 무엇을 심든지 또한 그것을 거두리라. (갈라디아서 6:7)

빠른 지름길이 있다는 것은 속이는 말이고, 하나님을 조롱하는 일이란다. 몸이 멀쩡하면서 노력하지 않고 열매를 거두려고 해선 안 돼. 알겠지?

 찬희 : 알겠어요. 우리 다 함께 꼭 기억하자. 세상에는 공짜가 없다!!

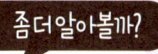

노력해도 소용 없는 세상? 정말 그럴까?

    천재는 1%의 영감과 99%의 노력으로 된다는 말은 꼭 그렇다기보다는 노력의 중요성을 강조하는 말이지요. 하지만 경쟁이 치열해지는 동시에 정정당당한 경쟁을 보기 힘든 세상이 되니 우리 청소년들의 마음에 '노력도 소용없다'는 푸념이 많아지는 것 같습니다. 그도 그럴 것이, 공부만 봐도 아이들의 눈에는 노력보다 고액 과외를 하거나 유명 학원에 다니는 것이 훨씬 지름길처럼 보이니까 도전하고 애쓸 엄두가 안 나겠지요. 이런 세상을 만든 어른들은 아이들에게 노력하라고 말할 자격이 없다고 할 수도 있습니다.

    그런데 우리 청소년들이 알아야 할 것이 있습니다. 대다수의 부모들은 그런 세상을 꿈꾸지 않았다는 사실입니다. 소수의 무리가 특권을 이용해 편법을 쓰고 돈으로 자식들을 좋은 자리에 올려놓기 위해 사회 분위기를 흐려 놓은 것입니다. 그런 상황에서 가만히 있으면 뒤처지는데 다른 부모들이 어떻게 손 놓고 있겠습니까? 누구라도 자주 흔들리는 교육 정책과 사회 분위기에 휩쓸리기 마련입니다.

    그렇다고 언제까지 사회의 탓만 할 수는 없지요. 세상을 분별하고 바꾸는 것은 필요하지만, 한탄만 하고 있으면 그들과 격차가 더욱 벌어집니다. 더 노력할 수 있는데 그런 핑계 속에 자신을 가두고 방 한구석에 앉아 세상을 이야기하는 사람이 되어서는 안 됩니다. 내 말을 듣게 하려면 밖으로 나가 당당히 세상을 마주하고 정의롭게 이겨 나가야 합니다.

    천재가 되라는 것이 아닙니다. 땀을 흘리라는 것입니다. 세상에는 공짜가 없지만 내가 흘린 땀도 공짜는 아닙니다. 과거에 한 정상급 프로 바둑 기사가 큰 경기를 준비하면서 이런 말을 했습니다.

    "노력을 이기는 재능도 없고, 노력을 외면하는 결과도 없다."

    어떻게 노력할지 막막하다면 우선 손에서 스마트폰부터 내려놓으세요. 그리고 가장 가까운 목표부터 실천해 나가야 합니다. 이제부터 심는 것이 나중에 맛보게 될 열매가 된다는 사실을 기억하면서 길을 찾고, 힘을 내 보세요.

    노력(Effort)은 매일(Everyday) 쉼 없이 정진하는 것입니다. 꾸준한 사람은 아무도 당할 수 없지요. 그래서 거북이가 토끼를 이길 수 있는 것이랍니다. 결국 노력이 돈과 재능을 이긴다는 사실을 꼭 보여 주세요.

Friend

> 친구

친구 때문에 괴로워요.
진정한 친구가 정말 있을까요?

Part 6. 인생의 동반자 '친구'의 개념 정립하기

 선생님이 청소년들의 고민을 모아 보니까 실제 생활 속에서는 친구에 관한 고민이 제일 많았어. 사실 이 문제는 나만 잘한다고 되는 것은 아니니까 누가 방법을 알려 주고 조언한다고 그대로 실천할 수 있는 부분도 아니지.

 예지 : 네. 친구는 정말 좋지만 갈등이 생기면 쉽지 않은 것 같아요.

 이 고민에는 폭력 문제, 왕따 문제와 함께 좋은 친구를 찾고 싶은 마음, 좋은 친구가 되어 주고픈 마음, 그리고 피하고 싶은 친구 문제 등이 있어. 한마디로 어떻게 하면 친구와의 갈등을 잘 해결하고, 사이좋게 지내면서 평생 좋은 동반자로 지낼 수 있을까 하는 것이지.

솔직히 친구 문제에 대해 속 시원한 해답을 내놓기란 어렵단다. 어른이 되어도 친구와 다 잘 지낼 수 있는 건 아니야. 그러니까 너희 때 친구를 사귀거나 갈등

을 풀기는 더 어렵겠지. 결국 이 문제도 우리는 성경에 의지해 생각해 보는 수밖에 없단다.

 소은 : 성경에도 친구와 잘 지내는 법이 많이 나오나요?

 성경에는 친구에 대한 이야기가 많아. 서로 목숨처럼 아낀 다윗과 요나단의 우정도 나오고, 함께 하나님에 대한 믿음을 지킨 다니엘의 세 친구 이야기도 나오지. 큰 환난을 만난 욥에게도 친구들이 있었는데, 자기 생각을 앞세우긴 했지만 욥과 함께 머물면서 많은 조언을 해 주기도 했어. 무엇보다 친구에 관한 지침은 잠언에 많이 나오니까 우리가 지혜의 잠언을 보면 지금 당한 복잡한 일들의 실마리를 얻을 수 있을 거야. 먼저 이 말씀을 볼까?

여러 친구를 두는 자는 반드시 자신을 다정한 자로 보여야 하나니 형제보다 더 친밀한 친구도 있느니라. (잠언 18:24)

친구가 많으면 아무래도 좋겠지? 하지만 친구가 많기를 바라기 전에 우리가 먼저 할 일이 있어. 물론 억지로 다정한 자로 보이라는 뜻은 아니지. 늘 친구들을 편안하게 해 주고, 먼저 다가갈 수 있어야 해.

 찬희 : 옛날이나 지금이나 사람 사는 모습은 다 같았나 봐요.

 그렇지? 그런데 친구 사이를 이간질하고 은근슬쩍 자기 생각이 담긴 말을 전달하면서 다투게 만드는 아이들도 있어. 그렇게 해서 관심을 끌고 자기와 더 친하게 하려는 의도도 있을 텐데… 선생님도 어릴 때 그런 친구 때문에 오해가 생겨 친한 친구와 크게 다툰 일이 있었어. 그렇게 오해한 상태에서 수십 년이 지나거나 아예 못 볼 수도 있단다.

비뚤어진 자는 다툼을 뿌리며 수군거리는 자는 중요한 친구들을 갈라놓느니라. (잠언 16:28)

이런 친구는 마음이 비뚤어진 사람이야. 이런 사람 앞에서는 항상 말을 조심해야 해.

친구가 주는 상처는 믿음직하나 원수의 입맞춤은 속임수가 가득하니라. (잠언 27:6)

입맞춤을 할 정도로 친밀하게 감언이설을 하지만 원수가 있고, 쓴 소리를 하지만 진정한 친구인 사람도 있어. 어리석은 사람은 겉으로 들리는 말만으로 남을 판단하는데, 그러면 안 돼. 조금 상처를 입더라도 친구의 말을 마음 깊이 새겨들어야 성숙할 수 있는 거야. 표정이나 말투보다는 내용을 귀담아 들어야 해.

 소은 : 우람이 너 들었지? 넌 내가 좋은 말을 해 줘도 상처받고 삐치더라.

 우람 : 믿음직하다, 믿음직해.

 그런데 친하다는 이유로 막 대하는 것은 좀 곤란해. 정말 오래 사귀고 싶은 친구일수록 예의를 지키고, 가깝게 지내되 되도록 폐를 끼치지 않는 것이 좋아.

아침에 일찍 일어나 큰 소리로 자기 친구를 축복하면 그가 그것을 저주로 여기리라. (잠언 27:14)

곤히 자는데 큰 소리로 잠을 깨우면 아무리 좋은 말이라도 짜증나겠지? 그래서 사람은 늘 분위기 파악을 잘해야 한단다.

찬희 : 저도 친하다고 욕하고 때리고 이런 거 안 좋다고 생각해요.

그래. 무례한 것과 친밀한 건 달라. 충고도 따스하게 진심을 담아서 해야지.

향유와 향수가 마음을 기쁘게 하나니 이처럼 마음에서 우러난 친구의 권고도 사람에게 달콤하니라. (잠언 27:9)

친구간에는 성별도 중요해. 남자와 여자는 느끼는 감정과 속마음 표현법 등이 달라서 남녀가 적당히 섞여 있는 것이 좋단다. 여자들은 복잡미묘한 동성 간의 관계를 더 어려워하는 경향이 있어. 그래서 오히려 남자를 더 편하게 생각하기도 하지. 남자들은 대체로 무심할 정도로 자잘한 감정에 휩쓸리지 않거든.

예지 : 맞아요. 저도 여자 친구들과 있으면 편하기도 하지만 골치 아픈 일도 많이 생기는 것 같아요.

친구는 오래 함께 지낸다고 다 좋은 것도 아니고, 비밀이 없다고 반드시 친한 것도 아니야. 늘 적절하게 만나고 적당한 거리를 두는 것이 좋단다. 하지만 무엇보다 진심과 아끼는 마음이 있어야 해. 예수님은 이런 말씀을 하셨어.

아무에게도 자기 친구들을 위해 자기 생명을 내놓는 것, 이것보다 더 큰 사랑은 없나니 무엇이든지 내가 너희에게 명령하는 것을 너희가 행하면 너희가 나의 친구니라.
(요한복음 15:13~14)

먼저 친구를 위해 목숨을 내놓을 정도로 진심을 담아 사랑하는 마음이 무척 귀하다는 말씀이야. 예수님이 바로 우리를 위해 목숨을 주셨기 때문에 예수님이 참된 친구라는 뜻이지. 우리가 주님의 말씀을 행하면 우리와 친구가 되어 주신단다.
세상을 살다 보면 많은 친구를 사귈 수도 있지만, 어떤 때는 늘 고독한 것이 사람이야. SNS 친구 목록에 수백 명이 있어도 연락할 사람이 단 한 명도 없을 때가 있단다.
그렇게 사람은 누구나 혼자야. 이 사실을 회피하면 안 돼. 누구나 예외 없이 혼자일 수밖에 없지. 그렇게 외로울 때는, 수천 명이 따라다녔지만 막상 고통당하실 때는 혼자 외롭게 기도하신 예수님을 생각해 봐. 그리고 하나님께 기도해 봐. 말씀 속에서 친구가 되어 주신단다.
선생님은 너희의 친구 문제를 다 알지도 못하고, 또 모범 답안을 줄 수도 없어. 각자 지혜롭게 잘 대처하기를 바랄 뿐이란다. 친구가 없어서 슬픈 사람도, 친구와 다퉈서 속상한 사람도, 친구 때문에 서운하고 답답한 사람도 친구에게 무엇을 바라기 전에 조금 더 다가가는 넓은 마음을 품기를 바란단다. 너희가 평생 함께 걸어갈 좋은 친구를 만나고, 계속 귀한 만남을 이어 가기를 바랄게.

 우람 : 저도 속이 좁았던 부분이 있는 것 같아요. 친구들에게 더 마음을 열고 싶어요.

> 좀더알아볼까?

복잡한 친구 문제, 절대로 외면하지 않기

좋은 친구는 어디에나 있겠지만 가장 먼저 기독교 신앙을 가진 친구가 필요합니다. 같은 믿음을 가진 교회 친구가 있다면 더없이 좋은 일입니다. 다음으로는 인품과 습관을 봐야지요. 아무래도 조금은 학구적이고 긍정적인 사람이 좋을 겁니다.

친구들 사이에서 말을 안 좋게 전하는 사람은 조심해야 합니다. 일단 남의 말을 너무 많이 하는 사람은 피하는 것이 좋습니다. 학교나 사회에서 너무 반항적이거나 지나치게 순종적인 사람보다는 지혜롭게 모든 일을 대처하는 사람, 친구들 사이에서 늘 화평을 도모하는 사람이 좋겠습니다.

친구로부터 폭력이나 왕따 피해를 입었거나 그런 상태라면 적극적으로 환경을 개선해야 합니다. 자칫하다가는 평생 그 상처에서 헤어 나오지 못할 수도 있습니다. 왕따 문제는 학업을 포기하게 만들 정도로 사회 전체를 뒤흔드는 큰 문제입니다. 그래서 반드시 해결해야 합니다. 물론 말할 곳도 없고, 말을 꺼내기도 어려우며, 말을 한다 해도 해결이 쉽지 않은 현실을 잘 압니다. 하지만 뜻이 있으면 반드시 길도 있습니다. 하나님께 간절히 기도하면서 부모님과 선생님, 상담실, 교회 선생님, 그리고 친구들에게도 꼭 도움을 요청하세요!

그리고 주변에서 그런 폭력이나 따돌림을 겪고 있는 친구들을 반드시 도와야 합니다. 이것은 착한 일이 아니라 사람의 도리이자 의무입니다. 남의 고통을 방관하는 비겁한 행동은 괴롭힘을 당한 것만큼이나 평생 자책으로 남을 수 있습니다. 지독한 외로움 속에서 내게 눈빛으로 손을 내밀고 있는 친구는 없는지 꼭 돌아보고 할 수 있는 만큼 도와야 합니다.

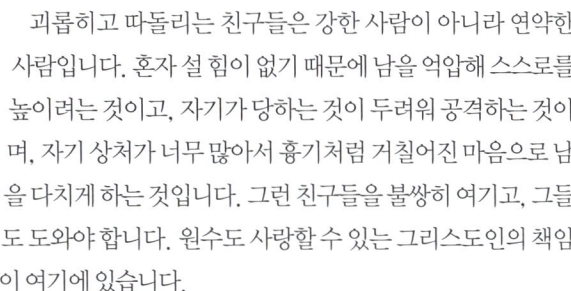

괴롭히고 따돌리는 친구들은 강한 사람이 아니라 연약한 사람입니다. 혼자 설 힘이 없기 때문에 남을 억압해 스스로를 높이려는 것이고, 자기가 당하는 것이 두려워 공격하는 것이며, 자기 상처가 너무 많아서 흉기처럼 거칠어진 마음으로 남을 다치게 하는 것입니다. 그런 친구들을 불쌍히 여기고, 그들도 도와야 합니다. 원수도 사랑할 수 있는 그리스도인의 책임이 여기에 있습니다.

중요한 것은 피하지 말라는 것입니다. 어렵다고 숨고 피하면 문제는 점점 커집니다. 친구(Friend)에 관한 문제는 직접 마주 대하여(Face to face) 풀어 가야 합니다. 반드시 하나님의 도우심이 있을 것입니다.

Gender

> 성

남자는 남자답게, 여자는 여자답게…
왜 꼭 그래야 하죠?

Part 7. 바른 성 정체성의 중요성 깨닫기

 이번 주제인 '젠더'(gender)라는 말은 '성'(性)의 영문 표기 '섹스'(Sex) 대신 새로 쓰기로 한 용어로, 1995년에 만들어졌어. 사회에서 이 말을 쓰니까 알아 둘 필요가 있지만, 이건 하나님이 만드신 남녀의 기존 성 정체성을 무너뜨리는 용어야. 매우 진화론적인 의도가 담긴 말이라는 것을 기억해야 해.

 우람 : 몰랐어요. 충전기 케이블 변환시키는 부품도 젠더라고 하잖아요.

 그렇지. 그러니까 성별도 원할 때 바꾸고 선택할 수 있다는 개념이지. 심지어 국내에서까지 성전환 수술을 안 해도 자신이 다른 성별로 인지한다면 그것을 인정해야 한다는 분위기로 흐르고 있고, 그런 판결도 있어서 조심해야 해. 그래서 청소년들에게도 성적인 문제와 더불어 자신의 정체성을 제대로 이해하는 것이 꼭 필요하단다. 이것이 흔들리면 많은 고민에 직면하게 될 거야.

예지 : 남자는 남자다워야 하고 여자는 여자다워야 한다는 이야기 하시려는 건 아니죠?

 소은 : 울 엄마도 좀 여성스러워지라고 맨날 잔소리하세요. 치….

 찬희 : 요즘엔 남자와 여자를 구분하려는 것만으로도 성차별적인 발언이라고 할 걸요.

 성 정체성을 분명히 하는 것은 차별이 아니야. 남성다워야 하고 여성다워야 한다는 것은 용감하거나, 조신해야 한다는 차원의 이야기가 아니란다. 하나님께서는 섭리 가운데 우리를 남자와 여자로 만드셨어. 거기에는 다 이유가 있지. 이것이 흐트러질 때 세상은 혼란에 빠진단다. 진짜 멋진 남자와 여자가 되려면 그대로 남자와 여자로 있으면 돼.

 우람 : 저도 남자다운 남자, 여자다운 여자가 좋더라고요.

 뱀의 꾐에 넘어간 결과, 인류는 오늘날의 비극을 맞았어. 에덴동산의 타락 과정에서 누가 더 잘못했을까? 뱀이 여자인 이브(하와)를 속였어. 뱀은 왜 아담을 두고 이브를 속였을까? 아무래도 남자보다는 연약하기 때문이 아닐까 싶단다. 그러면 아담은 나은 사람일까? 아담은 이브를 통해 선악을 알게 하는 나무의 열매를 먹게 되지. 아담은 속임수에 넘어간 것이 아니라 자기 의지를 가지고 그것을 먹은 거야. 직접 결정한 것이니까 남자에게 본질적인 잘못이 있고, 여자는 그 죄악의 시작을 제공한 잘못이 있다고 볼 수 있어.

 소은 : 그런데 성경에서는 여자를 좀 무시하지 않나요?

 성경이 여성을 하찮게 여긴다는 것은 오해야. 기독교는 여성을 억압하는 이방 종교들과 달리 일부일처제를 가르치지. 구약 시대에 아내를 여럿 두는 것은 가인의 후손 중 라멕이라는 자가 멋대로 시작한 것이고(창세기 4:19), 하나님이 인류를 멸절하실 때 방주를 통해 살아남게 하신 노아와 그의 세 아들은 모두 아내가 하나뿐인 경건한 자들이었어. 다음은 결혼에 대한 예수님의 말씀이야.

말씀하시기를, 이런 까닭에 남자가 아버지와 어머니를 떠나 자기 아내와 연합하여 그들 둘이 한 육체가 될지니라, 하신 것을 너희가 읽지 못하였느냐? 그런즉 그들이 더 이상 둘이 아니요, 한 육체이니 그러므로 하나님께서 짝지어 주신 것을 사람이 나누지 못할지니라, 하시거늘 (마태복음 19:5~6)

구약 시대에 이혼이 가능했다든지, 여러 부인을 두는 일이 가능했던 것은 사실이지만 그것이 처음부터 하나님의 뜻은 아니었단다.

그들이 그분께 이르되, 그러면 어찌하여 모세는 이혼 증서를 주어 그녀를 버리라고 명령하였나이까? 하니 그분께서 그들에게 이르시되, 모세가 너희 마음이 강퍅하므로 너희 아내를 버리도록 너희를 허락하였으나 처음부터 그것은 그렇지 아니하였느니라. (마태복음 19:7~8)

그러니까 어느 민족이든지 일부다처제 같은 것을 풍습으로 이해해서는 안 돼. 그들 모두는 하나님이 처음 주신 법칙을 스스로 깬 자들이며 하나님을 떠난 사람들일 뿐이야. 이처럼 성경은 여자를 남자의 부속품처럼 다루지 않고 오히려 존귀하게 다룬단다. 과도한 페미니즘도 잘못된 것이지만 남성 우월주의적인 생각으로 여성을 폄하하는 일부 남성들의 생각은 어리석은 것이고, 세상의 이치와 성경의 원리를 부정하는 일이야. 성경은 여자들을 남자의 종이 아니라 돕는 배필, 합당한 조력자로 묘사하고 있어.

 소은 : 여자들은 조력자라고요?

 조력자라는 말에 민감할 필요가 없어. 그것은 하나님의 계획이며, 인격적으로 부족한 존재라는 뜻이 아니야. 그런 오해를 지니고 과도한 여성 평등을 주장하면 남성이 오히려 부당한 대우를 받는 역차별 현상이 발생해. 일부 남성들은 여성도 군대에 보내야 한다는 식의 또 다른 불합리한 주장을 하게 되는 거지. 남녀가 평등하다는 것은 모든 것을 똑같이 한다는 의미가 아니란다. 그럴 수도 없고.

 찬희 : 맞아요! 역차별… 요즘은 무슨 말도 못 한다니까요.

소은 : 하긴, 우리 아빠를 포함해 요즘 남자들 불쌍할 때가 있어요~.

 여성의 위상이 높아지면서 과거에 비해서는 남자들의 기득권이 축소된 것이 사실이지만 아직도 여성 인권이 많이 모자란 상태지. 여성은 무한히 보호받아야 하는 존재인데도 아직 여성에 대한 남성의 폭력은 큰 사회 문제야. 일부 남자들의 삐뚤어진 여성관은 급격한 여성 위상 강화로 인한 반발 심리이지만, 이런 문제도 공동체 전체의 문제란다.

예를 들어 과도한 성형 열풍을 들어 여성을 지적하는 일도 많은데, 물론 하나님이 부모를 통해 주신 겉모습을 장애가 아닌데도 과도하게 뜯어고치는 것은 잘못이지만, 여자를 외모로만 따지는 남성과, 외모를 비교하며 희화화하고 조롱하는 사회, 여성을 상품화하는 세상의 잘못된 방향이 그렇게 만든 것이니까 모두의 잘못이라 할 수 있어. 성경은 외모를 중시하는 것이 악한 일이라고 여러 차례 경고하지. 그것이 단지 여성들만의 문제일까?

 우람 : 평소 제가 몰랐던 것이 많아요. 반성도 하고, 진짜 남자로 멋지게 살겠습니다!

 그래. 하나님 안에서 다투지 말고 서로의 존재를 인정해 주면 좋겠지? 남자는 남자일 때, 여자는 여자일 때 가장 아름답단다.

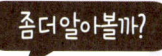

남자와 여자는 서로에게 필요한 존재

젊은이들과 남자 청소년들 중에 여성을 보호하는 정책에 반대하는 등 여성 혐오론자들이 적지 않은데, 오해에서 비롯된 편견입니다. 남성의 역차별을 항의할 수는 있지만 가만히 생각해 보면 여자는 여전히 사회의 약자임을 인정하지 않을 수 없을 것입니다. 매년 이른바 데이트 폭력(교제 폭력)으로 연인이나 헤어진 연인에게 살해당하는 여성이 120여 명이라는 단적인 사례만 보더라도 그렇지요. 상해를 입거나 해당 여성의 가족까지 위협받고 물리적 피해를 입은 것을 더하면 그 수가 엄청납니다. 같은 잘못을 해도 여성에게 더 낙인을 찍는 일도 무척 많은데요. 여성을 무조건 보호하는 게 아니라, 남성과 동등한 인격을 부여하는 것이 하나님의 뜻이라는 것입니다. 물론 모든 역할을 기계적으로 동일하게 조정해야만 동등한 것은 아니므로 남녀를 상호 보완적으로 이해해야 합니다.

남자들은 기독교의 여성관을 오해하지 말아야 합니다. 기독교는 여성에게 교육의 기회를 주고 결혼을 귀중히 여기며 여성들을 보호합니다. 여자는 하나님의 은혜를 입어 메시아를 잉태하는 귀한 일을 감당했으며, 예수님의 지상 사역 때도 주님을 따르며 끝까지 충성했고, 제자들이 다 도망갔을 때도 용기 있게 주님의 십자가를 지켰습니다. 예수님의 부활도 여성들이 먼저 발견했지요. 남자들은 모두 어머니와 누이와 아내가 있다는 사실을 기억하며 너그럽게 여성을 대해야 할 것입니다. 그러면 자연스럽게 여성들의 존경을 받고, 함께 아름다운 세상을 만들어 갈 수 있습니다. 여성들도 과도한 페미니즘으로 기존 질서를 흔드는 것은 지양해야겠지요. 여자는 남자로부터 창조되었고, 남자를 돕는 역할도 하도록 창조되었습니다.

주 하나님께서 이르시되, 남자가 홀로 있는 것이 좋지 못하니 내가 그를 위하여 합당한 조력자를 만들리라, 하시니라. (창세기 2:18)

그러나 돕는 사람은 무조건 낮은 위치라는 것은 말이 되지 않듯이, 이런 사실을 남자들이 우월하게 받아들일 필요가 없고, 여자들은 억울하게 생각할 필요가 없습니다. 왜냐하면 짝이 되는 남녀는 하나님 보시기에 이미 본질상 한 몸이기 때문에 같은 몸 안에서 서로 부족함을 채워 주는 것뿐입니다. 하나님이 허락하신 '성'은 서로를 돕는 남과 여, 단 두 가지뿐입니다. 아무리 성전환 수술을 해도 자기 정체성 자체를 바꿀 수는 없습니다. 하나님이 없고 모든 것은 우연히 만들어지고 진화됐으니 마음대로 할 수 있다고 믿는 진화론적 개념이 담긴 젠더(Gender)라는 말을 볼 때마다 창세기(Genesis)에 나타난 하나님의 섭리를 기억하세요~.

Hard-time

> 힘든 시간

사는 게 너무 힘들어요.
다 포기하고 싶을 땐 어떡하죠?

Part 8. 인생에서 힘든 시간을 맞이했을 때

 너희도 사는 게 참 힘들지? 어른들의 힘든 이야기만 뉴스에 많이 나오지만 청소년들도 많이 힘들다는 것을 잘 알아.

 찬희 : 그래도 어른들은 "너희들은 행복한 거다. 우리 때는 말이야~~." 이런 말씀 많이 하시죠.

 좀 듣기 싫지? 하지만 어떤 면에서는 사실이야. 과거에 비해 삶이 무척 편해졌듯이 청소년의 교육 환경도 많이 나아졌지. 부모님들 때는 선생님 한 분에 50~60명씩 한 반에서 부대끼며 배우기도 했고, 아무래도 여러 면에서 불편했으니까 어른들이 그렇게 말씀하시는 것도 무리는 아니지.

 소은 : 그렇긴 하죠. 저희들도 동생한테 "좋~을 때다." 이런 말을 하니까요. ㅋㅋ

그런데 인생은 어느 환경, 어느 시대를 살아도 힘들고 괴로워. 너희들이 편하긴 하지만 인간미는 더 없는 각박한 시대를 살고 있으니 힘들긴 마찬가지이고…. 하지만 아이러니하게도 복지 제도가 잘 된 나라가 자살률이 더 높고, 행복 지수는 낙천적 기질의 개발 도상국이 더 높지.

 예지 : 네. 그런 이야기는 들어 봤는데 잘 와닿지는 않아요.

 우람 : 그런 이야기 들어도 선진국에 가서 살고 싶지, 개발 도상국으로 가기는 싫어요.

 그렇겠지. 그 지표는 무엇을 나타내는가 하면, 육체적 괴로움보다 정신적 괴로움이 사람을 더 피폐하게 만든다는 거야. 환경이 고통스러우면 다른 생각할 여력이 없고, 살아남기 위해 온 힘을 쏟게 되는데, 더 편해질 수 없을 만큼 환경이 개선되면 잡념이 많아지고 허무하고 무기력해져서, 기를 쓰며 열심히 살아갈 이유를 잘 모르게 되는 것 같아.

 소은 : 사람은 가질수록 감사를 모르는 존재 같아요.

 맞아. 그러니까 행복하지 않은 거지. 작은 일에도 감사하는 사람들이 사는 나라가 가장 행복한 나라겠지. 그런데 모든 것을 다 포기하는 행동은 정말 벼랑 끝에 몰려야 할 수 있는 건데 우리나라 청소년의 자살률이 꽤 높아서 걱정이란다. 정말 웬만해서는 그런 선택을 하기

쉽지 않은데 성적과 왕따 문제 등의 스트레스가 무척 큰 것 같아. 아이들이 힘든 일을 견디는 것에 익숙하지 않은 것도 원인이고….

 예지 : 뉴스에 나오거나 주변에서 소식을 들을 때마다 너무 안타까워요.

 그래. 남의 일 같지 않을 거야. 하루빨리 이런 일을 막을 사회적 안전망이 필요해. 극단적 선택은 충동적인 경우가 많아. 자기 억울함이나 결백을 보여 주기 위해서, 또는 자기가 얼마나 화가 났는지 표현하는 차원에서 홧김에 극단적으로 벌어지기도 한다는 거야. 그리고 자기 자신의 의지를 넘어서는 우울증 등 정신적 질병으로 나쁜 선택을 하기도 하지.

 찬희 : 아무리 친구가 많아도 결국에는 자기가 감당해야 하는 게 인생인 것 같아요.

 그렇지. 그래도 하나님은 우리와 늘 함께하신다는 사실을 기억해야 해. 성경 속의 많은 인물도 죽을 만큼 고통스럽고 두려움에 떨기도 했어. 엘리야, 욥, 요나 등이 그랬지. 너희가 꼭 기억할 것은, 하나님께서는 성도에게 감당할 만한 시험만을 주신다는 거야.

사람에게 공통적으로 있는 시험 외에는 너희가 어떤 시험도 당하지 아니하였나니 하나님은 신실하사 너희가 감당할 수 있는 것 이상으로 시험 당하는 것을 너희에게 허락하지 아니하시고 또한 그 시험과 함께 피할 길을 내사 너희가 능히 그것을 감당하게 하시느니라.
(고린도전서 10:13)

이 말씀을 꼭 기억해야 해. 나만 겪는 게 아니야.

 예지 : 정말 그럴까요? 모든 힘든 시간을 이겨 낼 길이 있는 거 맞아요?

 물론 너무 힘들 때는 아무 돌파구도 없는 것 같지만, 모든 것은 지나간단다. 시간이 멈추지 않는다는 것은 큰 위안이고, 우리의 삶이 이런 고통 속에서 영원히 지속되지 않는다는 것도 축복이야. 구원받은 사람은 이 땅에서의 고통이 끝나고 영원히 행복한 세상을 앞두고 있기 때문에 견딜 수 있는 거야.

 소은 : 하긴 너무 힘든 시간도 지나고 보면 별일 아닌 것이 많죠.

 그래. 가족부터 시작해서 모든 환경이 한 사람을 몰아붙이는 것 같아도 다 잘 되라고 그러는 거지. 그러니까 포기해선 안 돼. 포기하고 삶을 다 놓아 버린다고 모든 문제가 끝나는 건 아니야. 내가 포기하면 엄청난 아픔과 고통이 다른 사람들에게 간다는 것을 기억해야 해.

 예지 : 사실은 제 친구 중에 감정 기복이 너무 심하고 가끔씩 너무 위험한 말을 내뱉는 친구가 있어서 걱정이에요. 무슨 방법이 없을까요?

 글쎄… 솔직히 몇 마디 말로 사람의 고통을 덜어 줄 수는 없겠지만, 의외로 그런 친구들이 바라는 건 단순한 것일 수도 있어. 제일 먼저 하나님을 알고 모든 어려움을 놓고 기도할 수 있다면 좋겠지. 왜냐하면 사람을 극도의 우울로 몰아가는 것은 마귀야. 그런데 구원받은 사람은 마귀를 이겨 낼 수 있기 때문에 가장 먼저 해야 될 일이 믿음을 갖는 거지. 예수 그리스도를 주님으로 영접하면 그분이 우리의 주인이 되시기 때문에 시련은 있어도 궁극적으로는 안전해.

소은 : 괴로운 일에 시달리는 힘든 친구들이 모두 예수님을 만났으면 좋겠어요.ㅠㅠ

그래. 참된 해결책은 예수님밖에 없어. 물론 우리가 할 수 있는 일은 해야지. 그 친구들을 위해 기도하고 또 적극적으로 관심을 갖는 거야. 사람은 세상에서 딱 한 사람만 내 편이어도 살아갈 수 있는 법이니까 말이야. 중요한 것은 이런 일들이 단순히 생긴 괴로움이 아니라 영적인 일이라는 사실을 아는 거야. 신실했던 욥이 자식과 재산과 모든 것을 잃고 절망했지만 그건 그가 무슨 큰 잘못을 해서가 아니었어.

찬희 : 마귀가 시험한 거죠?

잘 아는구나. 마귀는 욥이 부자이고 하나님의 복을 많이 받아서 그렇지, 다 빼앗기면 본색을 드러낼 거라고 하면서 험담을 했어. 마귀는 하나님의 허락 안에서 욥의 생명만 빼고 다 시험할 수 있게 된 거야. 하지만 욥은 극심한 고통 속에서도 하나님을 버리지 않았고, 결국 이전보다 더 많은 복을 받았어. 그러니까 힘든 시간이 다가올 때 너무 절망만 하지 말고, 왜 이런 시련이 다가오는지 잘 생각하고 기도하면서 돌파구를 마련해야 해.

눈감는다고 모든 것이 끝나고 해결될까?

살다 보면 감당하기 힘든 일을 만날 수 있습니다. 그런 친구들이 있다면 우선 정말 힘들어질 때까지 자신이나 상황을 몰아가거나 방치하지 않도록 속히 거기서 벗어나야 합니다. 우리가 극도의 위험에 처하는 것은 대부분 작은 실수를 덮으려다 오히려 일을 키우기 때문입니다. 작은 판단의 잘못으로 간단한 사태를 악화시키기도 하지요. 그러나 그렇게 크게 악화된 상황이 와도 정신을 바짝 차려야 됩니다.

어떤 일도 사람의 목숨보다 중요하지 않습니다. 예수님은 분명히 한 생명이 천하보다 귀하다고 말씀하셨습니다. 이는 빈말이 아닙니다. 우리도 모든 것을 준다 해도 귀하게 여기는 사람을 바꾸지 않으니까요. 하나님은 바로 그런 마음보다 훨씬 많이 우리를 아끼고 사랑하시며 한 사람 한 사람의 마음을 살피십니다. 우리는 우연히 생긴 자연의 일부가 절대 아니랍니다.

인간 사회에서도 테러로 잡혀간 사람 하나를 살리기 위해 온 국가가 나서기도 하지요. 정치적 이유도 있겠지만 일단 인간의 생명 앞에서는 모두가 숙연해집니다. 이것이 하나님이 우리에게 심어 주신 양심입니다. 한 생명이 고통 속에서 삶을 포기한다면 그건 우리 모두의 책임입니다. 그러니 혼자 고통받는 사람을 돕는 사회 안전망을 구축하기 위해 모두 함께 애써야 합니다.

극단적 선택을 한 한 명의 이름을 잊어버릴 때 우리는 또 나쁜 친구를 잃을 수 있는 것입니다. 이 비극이 끝나도록 기도하고 구해야 합니다. 또한 피해자들이 그런 어려움에서 벗어날 수 없게 하는 사람들에게는 합당한 제재가 이루어져야 합니다. 이 모든 비극에 대한 근본적인 예방 차원의 대책이 먼저일 것입니다. 이런 일에는 교회의 역할도 중요합니다. 청소년 100명이 극단적 선택을 시도하면 그중 1명 정도만이 실제로 사망한다고 하는데, 이 결과는 그들이 진짜 죽고 싶은 것이 아니라 온 몸으로 자신의 어려움을 호소하는 것임을 알게 해 줍니다.

청소년 여러분, 세상은 사람이 사는 곳입니다. 아무도 죽을 정도로 힘든 일을 계속 하라고 하지 않아요. 정말입니다. 너무 힘들어 죽을 것 같으면 그냥 뒤로 누워 버리세요. 세상이 뒤집히지 않습니다. 정말 죽으면 다 끝일까요? 모든 문제가 싹 해결될까요? 아무리 안타까운 죽음도 잘한 선택이라고 말할 수는 없습니다. 조금만 버티면 벗어날 수 있는데 지금 포기하는 것은 아닌가요? 괴로움을 모르면 참된 행복도 알기 어렵습니다. 지금의 힘든 시간(Hard time)은 진정한 행복(Happy)의 필수 조건임을 꼭 기억하고 조금만 더 힘을 내 보세요!!

Idol

> 아이돌

스타를 좋아하고 '오타쿠'가 되는 것은 나쁜 일인가요?

Part 9. 지나친 팬심과 취미 돌아보고 절제하기

 자, 이번 키워드는 너희에게 아주 익숙하지? 아이돌은 우상이라는 뜻으로 요즘에는 사람들이 우상처럼 떠받드는 인기 스타를 부르는 말인데, 아이돌을 좋아하는 사람을 팬이나 매니아라고 할 수 있어. 어떤 스타나 취미에 심취한 사람은 오타쿠라고도 하는데, 오타쿠는 오덕후의 일본식 발음이라 줄여서 '덕후'라고 하지.

 찬희 : 제 친구 중에도 일본 애니메이션 덕후가 있어요. 유명하죠.

 예지 : 우리 반에는 방송국과 기획사까지 아이돌 그룹을 따라다니는 친구들도 있어요.

 우람 : 그런 친구들한테 좀 적당히 하라고 하면요, 왜 자기 취미인데 끊으라고 하거나 과하다고 말하는지 이유가 궁금하대요. 자기가 좋아서 하는 거고 누구한테 피해를 끼치는

것도 아닌데 이상한 사람 취급을 받는 게 억울하다고요.

 소은 : 하긴 그렇겠다. 이해는 잘 안 가지만 손가락질할 일은 아닌데 말이야.

 자기 맘에 안 든다고 무작정 욕하면 안 되지. 하지만 사람들이 잘 이해하지 못한다면 그 이유는 분명히 있겠지?

 우람 : 매일 성경 연구하시는 목사님은 성경 덕후 아니냐고 해요. 수학 선생님은 수학에는 박사니까 수학 덕후고요.

 예지 : 그렇게 표현하니까 왠지 생소하다. ㅎㅎ

 어떻게 다른지 생각해 보자. 그런 친구들의 취미를 부소건 뭐라고 나무랄 수는 없어. 사람은 어떤 취미이든 가질 권리가 있지.
그런데 성경에 이런 말씀이 있단다.

> 모든 것이 나를 위해 적법하나 모든 것이 적절하지는 아니하며 모든 것이 나를 위해 적법하나 모든 것이 세워 주지는 아니하나니 (고린도전서 10:23)

죄악이 아닌 이상 어떤 것을 해도 법에 어긋나지는 않지만 그렇다고 다 적절한 것은 아니라는 거야. 내게는 괜찮아도 남에게 덕이 되지 않는 일도 있다는 뜻이란다.

그리고 이런 말씀도 있어.

그런즉 너희가 먹든지 마시든지 무엇을 하든지 모든 일을 하나님의 영광을 위하여 하라. (고린도전서 10:31)

무엇을 하든지 하나님의 영광을 위해서 하는 것이 그리스도인이야. 늘 하나님과 관련된 것을 하라는 뜻이 아니라 무엇을 하든지 남에게 모범이 되어 결국은 주님의 영광이 드러날 수 있게 하라는 거지.

 예지 : 하긴 애니메이션이나 아이돌보다도 훨씬 이상한 것에 집착하는 사람도 많거든요.

 자, 그러면 사회적으로는 이것이 왜 문제인지 알아보자. 일단 오타쿠는 사회성의 결여로 생기는 거야. 실제 사회생활보다 혼자만의 세계, 즉 가상의 세계에서 내 마음대로 누리는 사회를 편하게 느낀다는 거야. 상상 속 캐릭터들과 대화하고 그런 것을 즐기는 사람들과 정보를 공유하니까 실제 사회처럼 의견 충돌로 다투거나 공감대 부족으로 마찰을 빚을 일도 없지.

 우람 : 친구들하고도 잘 노는 애들이 있긴 해요.

 찬희 : 근데 그런 애들은 친구들하고도 맨날 게임이나 아이돌 얘기만 하잖아.

 우람 : 그건 그래. ㅋㅋ

 그런 친구들이 사회와 아주 단절됐다는 뜻은 아니고, 일반 모임보다 온라인에서 그들과 대화하는 게 더 편할 거라는 뜻이야. 극단적인 예시지만 심지어는

캐릭터와 결혼하기도 하고 인형으로 만들어 늘 지니고 다니면서 대화하는 사람들도 있더구나. 지나치면 현실과 구분을 잘 못하게 되고, 그렇게 혼자 노는 게 점점 편하고 사회성은 더 부족해지지. 이런 사회적 외톨이들이 실제로 게임과 만화나 영화에 나오는 대로 묻지마 테러를 하거나 어린아이를 유인해 살인을 저지르기도 했지.

 우람 : 맞아요. 어떤 테러 장면은 게임과 비슷하더라고요. 으휴….

 너희들 보니까 무언가 하나씩에는 덕후가 되어야 하는 것으로 생각하는 친구들도 많더구나.

 찬희 : 네. 연예인에 집착하는 친구들도 있어요. 주기적으로 대상이 바뀌기도 하고요.

 우리나라 아이돌들이 세계로 뻗어 나가는 걸 보면 뿌듯할 때도 있지만, 그들을 가수로 바라보는 것을 넘어서 지나치게 집착하면 말 그대로 우상이 되겠지. 팬으로서 많은 돈을 쓰는 친구들도 있다던데, 너의 보물이 있는 곳에 네 마음도 있다는 말씀처럼 온통 정신을 빼앗기는 것은 바람직하지 않아.

 소은 : 아이돌이 되려고 애쓰는 친구들도 많잖아요.

사람들의 환호를 받으며 자기가 하고 싶은 노래와 춤을 추는 것은 멋진 일일 수 있지만 성공 확률은 매우 낮기 때문에 낙오되는 아이들이 훨씬 더 많아. 각종 오디션도 마찬가지이고. 그래서 취미로 적당히 즐기는 것에서 만족했으면 하는 것이 걱정하는 사람들의 생각이야. 취미도 덕후의 세계로 너무 몰입하지 말고 정상적인 학교생활과 사회생활을 하는 것이 중요해. 나중에 어른이 되면 사회는 훨씬 중압감이 큰데 자꾸 가상의 세계에 머물면 어른이 돼서 더 힘들어질 수 있는 거야.

우람 : 어른이 돼서도 너무 심하게 많은 투자를 하거나 온종일 붙어 있는 모습이 좋아 보이지는 않아요.

그런 우상을 언제부터 갑자기 뚝 자를 수 있을까?
하면 할수록 집착이 생기고, 새로 나오는 것들을 섭렵하지 않으면 허전해서 더 채워야 한다는 강박이 생기는 법인데… 끝도 없지 않을까? 만일 너희 아버지나 어머니가 어떤 분야의 덕후로 살면서 계속 그것에 집착한다면 자식으로서 응원해 주고 싶을까? 성숙한 사회의 일원이자 책임감 있는 어른으로 인정해 줄 수 있을까? 그건 아닐 거야.

예지 : 저 자신도 좀 돌아봤어요. 당장은 어려워도 줄여 나가는 게 좋겠네요.

그래. 너희 즐거움을 빼앗으려는 게 아니야. 다만 취미는 스트레스를 해소해 주고 삶에 활력을 주는 건데, 무언가 하나에 지나치게 집착하는 것은 또 다른 스트레스가 될 수 있다는 거지. 진지하게 생각해 보고 잘 판단하길 바란다.

취미에 빠져도 현실 감각을 잃지 말아야

오타쿠는 덕후라고 주로 부르며 특정 취미에 빠진 기간을 덕력, 그런 활동 자체를 덕질이라고 부릅니다. 자기 우상인 아이돌을 직접 만나거나 연결이 되면 성덕, 즉 성공한 덕후라고 부르기도 하죠. 흔히 아이들 사이에서도 진짜 덕후로 불리는 친구들은 약간 별종처럼 취급하기도 합니다.

어른들은 모르는 아이들만의 문화가 있습니다. 그것을 함께 즐기면서 동질감을 느끼고 또래 집단에 합류하는 것이죠. 어른들이 교회에서 신앙에 대해 말하고, 사람들이 유행하는 드라마를 안 보면 대화가 안 통한다고 하듯이 아이들 세계만의 언어가 있다는 것입니다. 그리고 거기서 가장 많은 정보를 가지고 있으면 리더가 되고, 주목받을 수도 있으며, 심지어 금전적으로 큰 부자가 될 수도 있는 것이 요즘입니다. 어른들은 걱정을 하지만 그것은 그냥 아이들의 문화일 뿐입니다.

요즘 청소년들은 사생활도 거의 없습니다. 시간이 다 공개돼 있고, 숨을 곳이 없습니다. 학교에서는 꺼내기 싫은 무능력한 부분도 다 드러나고, 가정 형편까지 알려집니다. 심지어 학교 밖에서도 교복에 이름 석 자를 달고 다녀야 하니 당연히 익명으로 활동할 수 있는 온라인이 편할 수 있지요. 아이들은 닉네임에 자기 인격을 부여해 열심히 소통하면서 스트레스를 풀고 일종의 사회 활동을 하는 것입니다.

하지만 우리 친구들이 꼭 기억할 것은 그런 활동은 쉽게 조절하거나 자제하기가 어렵다는 점입니다. 자칫하면 취미의 선을 넘게 되는 것이지요. 아이돌에게 큰돈을 쓰고, 게임 아이템을 사기 위해서는 수십만 원을 아끼지 않으면서 친구나 가족에게는 몇천 원도 벌벌 떤다면, 그리고 벼랑 끝에 내몰린 이웃들을 봐도 덤덤하다면 정상이 아니겠지요.

청소년 여러분, 어른들이 이어폰 음량을 줄이라는 것은 귀 건강 때문만이 아닙니다. 자동차 경적 소리를 못 듣고 길을 건너는 것처럼 자신을 돌보지 못하고, 누가 옆에서 쓰러져도 나밖에 모르는 마음 상태가 되지 않기를 바라기 때문입니다. 세상을 떠나 혼자만의 즐거움 속에서 살 때도 마음의 눈은 언제나 주님을 향하고, 또 이웃을 향해 귀를 열어 두어야 하는 것입니다.

하나님보다 더 사랑하는 것이 우상, 즉 아이돌(Idol)입니다. 스타나 취미를 향한 사랑도 적당해야 자신의 바람직한 정체성(Identity)을 지킬 수 있다는 것을 잊지 마세요.

Job
직업

어떤 직업을 가져야 할지,
무슨 준비를 해야 할지 모르겠어요.

Part 10. 복잡한 사회에서 내 삶의 직업관 결정하기

 사람은 누구나 일을 하면서 살게 되어 있지? 특히 남자는 얼굴에 땀이 흐를 정도로 수고해야만 결실을 얻을 수 있도록 하나님이 형벌을 주셨어(창세기 3:17~19). 하지만 '일'을 통해서 노동의 기쁨을 누리고 자신을 성취해 가는 것이니까 복도 함께 주신 거야. 자, 너희들도 크면 무언가 일을 하면서 살아야 하는데, 사실 좀 막막하지?

 찬희 : 네. 직업도 너무 다양하고, 새로 생기는 직업도 너무 많아서 혼란스러워요.

 그럴 거야. 사회가 무척 세분화돼서 직업도 변화무쌍하지. 선생님도 살면서 정말 많은 직업이 생겨나고 또 일하는 환경이 바뀌어서 적응하느라 힘들었던 기억이 난다. 요즘은 자고 나면 새로운 기술이 생기고 인공지능(AI)도 인류를 위협할 정도로 무섭게 발달하고 있어서 너희들은 더 미래의 직업에 대한 생각이 모호하고 불투명할 수 있지. 대학 진학이나 사회 진출도 하기 전이라 더 가늠하기가 어려울 거야.

예지 : 맞아요. 너무 막연하고, 어떤 꿈을 꾼다고 해도 실현되리라고 생각하기가 어려워요.

그건 어른들도 마찬가지야. 지금 직업을 가지고 있지만 그 일을 언제까지 할 수 있을지 걱정하는 사람도 많고, 실제로도 매일 사라지는 직업들이 있지. 또 사회 양극화로 많은 사람들이 양질의 일자리를 갖지 못하고, 계약직과 비정규직으로 전락하기도 해. 너무 비관적인 이야기만 해서 미안~.

우람 : 뭐, 저희도 다 아는 이야기인걸요.

컴퓨터가 처음 생겼을 때 사람들은 일이 줄어들 것을 기대했지만 더 바빠지고 급해지고, 일의 양은 늘어났어. 앞으로 펼쳐지는 AI 세상에서도 이런 양상이 재현될지 모르지만, 이전보다는 확실히 일이 단순해질 수 있고, 인공 지능과 첨단 IT 기술을 독점하는 기업에 종속될 확률이 높다고 볼 수 있어. 그렇게 급변하는 환경 속에서 살아남으려면 더 열심히 뛰고 자기만의 영역을 만들어야 해.

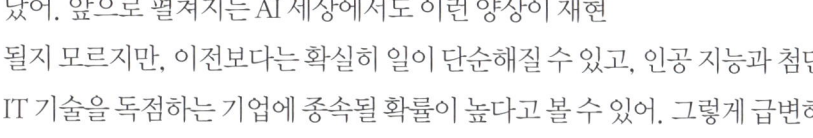

소은 : 이미 로봇이 사람이 하던 많은 일자리를 빼앗고 있잖아요.

그렇긴 하지. 지금은 딥페이크(Deepfake)로 만든 동영상을 육안으로 전혀 구분

못할 정도로 인공 지능이 고도화하고 있어서 많은 인력이 대체되고 있고, 이미 ChatGPT 같은 대화형 AI가 거의 완전한 기사와 소설, 시나리오를 쓰고, 동영상도 만들고 심지어 설교도 하지. 물론 기계를 만들고 AI에 명령하거나 알고리즘을 만드는 것은 사람이지만 기존의 인력은 훨씬 축소될 수밖에 없을 거야.

 우람 : 그렇겠네요. 그러니까 더욱 어떤 공부를 해서 어떤 쪽으로 진출할지 애매해요.

 하지만 컴퓨터가 그랬듯이 일의 양상은 달라도 여전히 사람이 필요한 일은 많을지도 몰라. 그 일의 질이 문제겠지. 또 너무 절망만 하지 말고 역으로 생각해 볼 것은, 그럴 수도 없지만 지금의 첨단 기술을 버리고 자급자족하던 시대로 돌아가는 것이 나을까 하는 문제야.

 우람 : 흐흐, 그냥 지금에 만족할래요.

 미래의 직업 중 인공 지능이 침범하지 못할 영역은 무언가 창조하는 일이라고 했어. 화가라든지, 작가라든지, 예술 분야가 많았지. 하지만 정말 단시간에 그런 전망이 깨져서, 명령어 몇 개로 몇 초만에 동영상이 만들어지고, 정밀한 그림이 생성되는 시대가 됐어. 그러니까 미래는 거의 예측이 무의미하다고 볼 수 있겠지.

 찬희 : 로봇이 반복 학습으로 요리도 하니까 앞으로는 레시피만 맞추면 모든 요리가 가능할 것 같아요.

소은 : 그럼 다 똑같은 유명 요리사의 요리를 먹는 거니까 내가 새로 개발할 거야.

 좋은 자세다. 어떤 일이든지 나만이 할 수 있는 분야가 있다면 경쟁력이 있겠지. 솔직히 지금은 어떤 직업이 좋다 나쁘다 할 순 없어. 적성이 안 맞는데 유망 직종이라고 무작정 뛰어들 수도 없는 거고. 다만 자신이 가장 매력을 느끼는 직업이 있다면 그 직업의 미래 동향에 대해 잘 조사해 보고 선생님이나 부모님과 상의해서 설계하는 것이 좋아.

 우람 : 전 뭘 원하는지도 잘 모르겠고, 특별히 잘하는 것도 없어서 막막해요.

 우선 무엇을 할 때 가장 기쁜지 생각해 봐. 떠오르는 게 없어도 사람은 어떤 일을 하든지 성취감이 있고 일하는 즐거움이 있으니까 너무 걱정 안 해도 돼. 인생은 계획한 대로만 흘러가지는 않아. 갑자기 예상치 못한 기회가 찾아오기도 하고, 엉뚱한 일을 하게 되기도 해. 그런 기회를 잡으려면 늘 어느 정도 준비가 되어 있어야 해. 이제 너희에게도 그런 기회가 먼 훗날의 이야기는 아니니까 멋진 사람으로 자신을 채워 나가면 좋을 거야.

 찬희 : 솔직히 다 성적대로 대학도 가고 성적대로 좋은 회사 가고 그러는 거 아니에요? 분야는 안 맞아도 무언의 등급은 존재하는 것 같아요.

그런 면이 있긴 하지. 그러니까 공부할 시기에는 가능한 한 열심히 해야 돼. 하지만 잘 안 돼도 너무 절망할 필요는 없어. 인생의 길은 생각보다 많이 있단다. 어느 분야든지 자기가 독보적으로 잘할 수 있는 사람이 되든지, 엄청 성실하든지, 대인 관계가 좋든지 하면 성공할 수 있어. 그리고 돈을 많이 벌고 높은 자리에 가는 것만이 좋은 일은 아니야. 스스로 만족하면서 신나게 일할 수 있다면 그게 좋은 직업이니까.

 우람 : 요즘은 사람의 수명은 늘고 직업의 수명은 짧아져서 한 가지만 잘해서는 안 되잖아요.

 이제는 평생직장의 개념도 사라지고, 능력제로 한다든지 성과별로 따지니까 중간에 직장을 그만두는 일도 많고, 정년도 짧아졌어. 요즘 젊은이들은 재능이 참 다양한데, 두세 가지 이상의 능력을 갖춘 사람들이 많지. 아무리 얘기해도 직업 문제는 구체적으로 말하기가 쉽지 않구나. 먼저 자신의 가치를 높일 수 있는 자기만의 가치를 만들어 나가는 것이 좋을 것 같아.

 예지 : 얼른 와닿지는 않지만, 꼭 그런 창의적인 사람이 되고 싶어요.

 최선을 다하면 돼. 이제 다양한 직업을 조사하면서 하나님이 열어 주실 길을 위해 기도하고, 용기를 내 보자~.

기쁨으로 하면 모두 다 즐거운 일~

　직업에 대해 생각할 때 우리가 하기 쉬운 실수가 있습니다. 세상에는 좋은 직업과 나쁜 직업이 있고, 가장 힘 있는 사람이 가장 좋은 일자리부터 차지하고 나면 나머지는 능력별로 맡고, 정말 힘들고 하기 싫은 일은 사회에서 낙오되고 경쟁에서 밀려난 사람이 마지못해 하는 것으로 생각하는 것입니다. 물론 좋은 일자리와 아무도 하기 싫은 궂은일은 분명히 존재합니다. 또 원하는 일을 찾아서 할 자유와 권리가 있습니다. 그럼에도 불구하고 우리는 사회인으로서, 또 그리스도인으로서 '직업에는 귀천이 없음'을 인정해야 합니다. 그런 힘든 직업을 하고 싶지는 않더라도 누군가 꼭 그 일을 해 줘야 한다는 사실을 인정하면서, 그 일을 나도 할 수도 있음을 인정해야 정상적이고 공정한 사고입니다.

　일단 "나는 공부는 틀렸으니 몸으로 때우는 일이나 해야겠다."는 식의 푸념은 하지 말아야 합니다. 내가 하기 싫은 일은 남도 하기 싫지요. 그런 힘든 일을 해 주는 분들께 감사하면서 모든 노동을 이웃을 위해 할 수 있는 그런 사람이 되는 것이 좋겠습니다.

　화려한 조명과 사람들의 관심, 모두가 손이라도 한번 잡아 보려 애쓰는 연예인은 청소년과 어린이가 가장 선호하는 직업입니다. 물론 화려함과 돈벌이 때문만은 아니고, 노래와 춤과 연기가 좋아서 그런 친구들도 있을 것입니다. 그래서 오디션에 수천 명씩 몰리기도 하지만 정작 주목을 받아 연예인으로 활동하는 사람은 손에 꼽습니다. 아쉬운 발길을 돌리는 사람들이 너무나 많지요. 이런 일에 도전해 보는 것도 의미가 있겠지만, 실패 후 평생 마음에 맺힌 상태로 어쩔 수 없이 다른 일을 한다고 생각하지는 말아야 합니다. 가지 않은 길은 항상 아쉬움으로 남고, 더 대단해 보이는 법이지요. 무슨 일이든 도전에 실패했더라도 좌절할 필요는 없습니다. 타이밍과 여건이 안 맞아 이루지 못했다면 다른 일을 선택하면 됩니다.

　사람들은 말합니다. 하면 된다, 포기하지 마라, 꿈은 이루어진다…. 다 좋은 말이지만 정말 그럴까요? 해도 안 되는 일이 있습니다. 포기할 줄도 알아야 합니다. 모두의 꿈이 다 이루어질 수 없습니다. 내 꿈이 이루어질 때 남의 꿈이 꺾여야 할 때도 있고요.

　그러니 열심히 살며 도전할 필요는 있지만 안 될 때는 다른 길로 가세요. 저런 구호 때문에 얼마나 많은 사람들이 패배감과 좌절감을 안고 사회의 주인공이 아닌 관객으로 살면서 남들을 부러워만 하는지 모릅니다. 자기 직업(Job)을 기쁨(Joy)으로 알고 열심히 하면 사는 동안 하나님이 주시는 땀의 열매를 풍성히 거둘 수 있을 것입니다.

Keeping

> 지키기

우리는 왜 이렇게 제약이 많고 지켜야 할 게 많은가요?

Part 11. 자신의 몸과 마음을 잘 지키는 사람 되기

 이번에는 너희가 세상에서 지켜야 할 것들에 대해 생각해 보자. 사실 너무 하지 말라는 게 많아서 짜증나지? 뭐든 다 할 수 있을 것 같은데 제대로 인정도 안 해 주고 말이지.

 우람 : 그래서 얼른 어른이 되고 싶기도 해요.

 찬희 : 하지만 어른들이 애쓰며 사는 걸 보면 그냥 부모님 그늘이 좋다 싶기도 하죠.

 그래. 그러면 철이 조금 든 거다. 너희들 때가 좋은 거라고 하는 어른들 말씀이 별로 와닿지 않는다는 것을 알지만 그래도 그건 사실이야. 그리고 너희들에게 많은 제약을 두는 이유는 아직 어린 청소년들을 지키고 보호하기 위함이야.

예지 : 물론 그건 알아요. 하지만 우리를 뭐든 규칙을 깨려고 하는 사람들처럼 취급하고 통제하는 느낌이 들 때는 기분이 안 좋죠.

 이해한다. 그런데 일부 일탈이 심한 청소년이 있는 건 사실이잖아. 어른들의 책임도 크지만 벌어지는 심각한 일에 대해 제재하지 않을 수는 없는 거지.

 예지 : 하긴 청소년의 흉악 범죄가 점점 늘어나고 연령대도 어려지는 건 사실이에요.

 대다수의 청소년들은 잘 따르고자 하는 마음이 있겠지. 너희들도 정말 많은 고민이 있는 걸 잘 알아. 그런데 삶은 다 비슷해. 어른이 되면 해결되는 문제들도 있지만 새로운 문제가 생긴단다. 너희도 충분히 컸지만 중대한 무언가를 결정할 만큼 성숙하려면 조금 더 있어야겠지. 그리고 문제가 생겼을 때 책임도 질 수 있어. 니희에게 많은 권한이 없는 대신 아직은 잘못을 해도 부모님이 대신 책임지거나 벌도 어른보다 약하게 준다는 사실을 잊어선 안 돼.

 소은 : 어른이 돼서도 책임지지 못할 일을 하는 사람도 많은데, 저는 진짜 좋은 어른이 되고 싶어요.

 이런 세상에서는 우선 우리 몸을 지켜야 해. 건강을 잘 유지해서, 정말 중요한 꿈을 이룰 때 건강이 발목을 잡는 일은 없어야 해. 몸은 하나님이 주셨고, 구원받은 사람은 성령님의 집이 된단다.

몸가짐도 되도록 단정하면 좋겠지? 이런 것들은 따분한 이야기가 아니야. 너희도 자기 관리를 잘하고 건실한 사람이 좋지 않니? 늘 단정하고 예의 바르고 건강한 사회인으로 살아가는 연예인이 모두의 존경과 환영을 받잖아. 삶에서 성공하기 위해서라도 절제하고 지킬 것은 지키는 사람이 되어야 해.

소은 : 그건 맞는 것 같아요. 모범적인 어른들을 보면 존경스럽죠.

사회가 규정한 법과 질서도 잘 지켜야 돼. 어른들이 어긴다고 같이 그러면 안 돼. 가벼운 공중도덕부터 잘 지키는 습관을 들여야 해. 함께 살아가기 위한 약속을 지키면 서로가 편하지. 세상은 법을 지키고 자기 자리를 지키는 사람들 덕분에 유지된다는 것을 잊으면 안 돼.

우람 : 늘 다른 사람들도 안 지키는데… 나 하나쯤이야… 하는 핑계가 있었는데 그럼 안 될 것 같아요.

한 번 잃으면 돌이킬 수 없는 것들이 있어. 젊을 때 실수나 판단 착오로 중요한 것을 놓치고 후회하는 경우가 많단다. 꼭 자기를 지키고 무엇보다 마음을 지켜야 해. 그래야 가족도 지키고 세상 질서도 지킬 수 있는 거야.

열심을 다하여 네 마음을 지키라.
생명의 근원이 거기에서 나오느니라. (잠언 4:23)

좋은 습관은 어른이 되어서도 유익하다

질서를 지키는 것에 대해 내 자유를 빼앗기는 일로 여기면 안 됩니다. 지킬 것만 지키면 나머지를 다 누릴 수 있지만 지키지 못하면 있던 자유마저 잃게 되니까요. 법을 무시하고 범죄를 저지르면 교도소에 갇혀 아무것도 할 수 없죠. 잠깐의 욕심과 실수 때문에 모든 자유를 반납하는 어리석음입니다.

청소년 시기에 가장 지켜야 할 것은 무엇일까요? 우선 술과 담배는 가까이하지 마세요. 어른이 되어서도 마찬가지입니다. 담배에는 건강을 해치는 수천 가지 물질이 들어 있고, 몸에 배는 역한 냄새로 주변에 불쾌감을 주며, 치아가 변색되고 피부 건강에도 도움이 되지 않지요.

또 알코올은 뇌 건강에 무척 해롭고 자기 정신을 올바로 할 수 없기 때문에 수많은 사건과 사고, 폭력과 실수를 유발합니다. 술의 힘을 빌려 실수와 범죄를 정당화하기도 하고 발뺌을 하기도 하지요. 특히 여자 청소년 친구들은 더 조심하는 게 좋습니다. 대학교에서도 사회에서도 마찬가지입니다. 술을 핑계로 유혹하고 유혹받으며 죄를 짓는 일이 참 많습니다. 술은 인생에서 제외하세요.

다시 강조하지만 소중한 몸을 지키세요. 결혼 전까지 자기 몸을 지키는 것은 고리타분한 일이 아닙니다. 세상이 아무리 개방됐어도 하나님의 법은 바뀌지 않는답니다. 여러분이 배우자를 찾을 때, 아무리 요즘 다 그런다고 해도 몸을 지키는 일을 소홀히 해 온 사람을 선택하고 싶지는 않을 것입니다. 물론 그런 생각으로 검열하듯 정죄해서도 안 되지만 말이지요.

몸을 지키는 것은 여러분 자신이 가장 떳떳하고 자유로운 상태가 되는 것입니다. 스스로를 잘 지키지 못하면 양심의 가책과 주변의 평판, 그리고 각종 문제로 갈등을 빚을 것입니다. 다시 돌이킬 수 없는 일은 하지 않는 것이 좋습니다.

세상에는 존경받는 사람들, 자기 관리를 잘하는 사람들이 있습니다. 그들이 공짜로 그 자리에 오른 것은 아닙니다. 늘 절제하고 스스로를 지키는 노력이 있었던 것이지요. 그런 사람들을 본받고, 또 하나님의 말씀을 거울삼아 늘 자신을 돌아보세요.

자신의 몸과 마음을 지키는(Keeping) 일을 무시하는 마음은 스스로를 죽이는(Killing) 부메랑으로 돌아올 수 있음을 명심하세요~.

Love

사랑

자랄 만큼 자랐는데
우리는 사랑하면 안 되나요?

Part 12. 바람직한 이성 교제와 결혼관 갖기

 드디어 관심 있는 주제가 나왔네.
너희들 정말 고민 많지? 이성 친구 있는 사람?

 우람 : 찬희만 있어요. 저는… 묻지 마세요. 어흑!!!

 소은 : 전 곧 생길 거니까 우람이랑은 달라요.

 예지 : 소은이랑 우람이 너네 맨날 붙어서 싸울 거면 차라리 둘이 사귀지 그래~?

 찬희 : 오, 두 모태 솔로의 고민을 한 방에 해결하는 좋은 방법이네~!!

 소은 : 고민이 더 생기는 거겠지.

우람 : …….

 너희들 싸우다가 정들 수도 있어. 방심하면 안 돼~.

 우람 : 앗, 그런가요? 그럼 사이좋게 지내야지.

 소은 : 그래 그래. 우리 진짜 사이좋게 지내자~.

 찬희 : 사이좋게 지낼 거면 그냥 둘이 사귀어~.

 우람, 소은 : No!!!

 요즘 초등학생도 이성 교제를 하고, 알 선 다 안다고 하지만 이 문제는 분명히 중학생이 다르고 고등학생이 다르겠지. 다들 몸과 마음이 자라다 보니 이성에 대한 관심도 많아질 거야. 그런데 너희들 이성에 대해 가장 많이 듣는 말이 뭐지?

 소은 : 정신 줄 놓을 정도로 너무 깊게 사귀지는 마라!!

 예지 : 그리고 다양한 사귐을 통해 좋은 사람을 분별하고 찾는 것이 좋다는 거요.

 그래. 어른들은 한창 공부할 나이인 너희가 너무 깊이 사람을 만나다가 사고가

나거나 힘들어질까 봐 염려하는 거야. 많은 사람을 만나라는 것도 이성 친구 이상으로 너무 심각하게 사귀지 않았으면 하는 건데, 그건 공부 때문이라기보다 젊은 혈기로 유혹에 빠져 잘못된 일을 하지 않기를 바라는 마음이란다.

 찬희 : 그건 알겠는데요. 솔직히 어른들이 그러셔도 이성을 향한 마음은 조절이 잘 안돼요.

 그 마음도 이해한다. 그런데 너희가 어른이 되어서도 꼭 기억할 것이 있어. 많은 사람을 만나 봐야 사람을 알 수 있다든지, 심하게는 동거를 해 봐야 결혼할 사람을 고를 수 있다든지 하는 이야기들을 듣게 될 텐데, 그건 틀린 이야기야. 만일 여러 사람을 깊이 사귀어 봤는데 다 아니면 어쩔 건데? 사람은 쉽게 리셋할 수 있는 기계가 아니야. 모두 자기 안에 상처와 회한으로 남기 때문에 남은 삶에 큰 영향을 미친단다. 또 동거를 해 봐야 안다고 해서 동거를 했는데 영 아니면 그냥 서로 버리면 되는 거야? 한쪽은 준비가 안 됐는데 그냥 헤어질 수가 있나?

오래전 너희들의 할머니 할아버지는 중매나 집안 간의 교류로 결혼을 하기도 했어. 그리고 너희 부모님 세대는 주로 연애와 소개로 비교적 자유롭게 이성과 사귀다가 결혼을 했지. 지금은 더욱 깊은 만남을 아무렇지 않게 생각하는 시대가 됐지. 그런데 어때? 그렇게 여러 사람을 만나 사귀어야 제대로 된 배우자를 고른다고 했는데 이혼율은 점점 높아지고, 가정은 더 불안하고, 점점 더 흐트러지는 이유가 뭘까?

10년 연애한 상대도 결혼하면 전혀 다른 사람처럼 느껴져. 그리고 많은 사람을 만나다 보면 기대치가 높아지기 때문에 기대가 큰 만큼 실망도 커지니까 만족이 없는 거야. 옛날 어른들은 일생에 한 명, 그것을 하늘이 맺어 준 배필로 알고 자신을 희생하고 서로 아끼면서 가정을 지키려고 노력했지. 하지만 지금은 이혼이 너무 쉽고, 심지어 부모들도 자식의 이혼을 대수롭지 않게 생각해. 그런 마음으로 살면 매사에 불만이 있을 때마다 갈라서는 것을 고민하면서 싸우게 되고, 그 가정의 자녀들은 정서적으로 무척 불안하겠지.

 예지 : 그러면 일생에 딱 한 명만 만나요? 요즘 시대에 그런 이야기는 안 통할 걸요….

 맞아. 그렇지만 기본적으로 사람은 그런 것을 지향하고 사람을 만나야 해. 이성 교제에 대해 많은 말을 할 수 있지만 어쩔 수 없이 기본을 말할 수밖에 없어. 하나님은 한 사람을 배우자로 주셨고, 그 사람과 평생 한 몸으로 살기를 원하신다는 거야. 사람들도 첫사랑과 결혼하고 평생을 함께하는 사람을 보면 박수를 보내지 않니? 그러니까 여러 사람을 만나더라도 평생의 배우자라고 생각하는 사람이 나타날 때까지 조심할 필요가 있어.

 소은 : 그럼 제 배우자는 이미 어딘가에 있는 건가요?

 하나님이 그런 것까지 정해 놓진 않으신단다. 그럼 우리는 자유 의지를 지닌 존재가 아니겠지. 어떤 사람들은 결혼 생활이 만족스럽지 못하면, 이 사람이 내 운명적 배우자가 아니었나 보다 생각하지. 하지만 그건 핑계이고 착각이야. 하나님은 우리 삶을 시간표대로 정해 놓지 않으신단다. 우리가 어느 길을 갈지 미리 아시는 것뿐이야. 배우자가 정해져 있다는 말은 자기 결혼 생활의 불성실함에 대한 변명

일 수 있어. 원래 내 차지가 아닌, 나랑 안 맞는 사람을 만났다는 거지. 하지만 하나님은 우리 선택을 존중하시지. 우리가 진짜 배우자라고 여겨서 결혼하고 서약하면 그때부터 그 둘을 평생 배필로, 한 몸으로 보시는 거야.

 우람 : 아하~ 어딘가에 정해진 게 아니네요. 지금부터 잘 찾아 봐야지~.

 그렇지. 대신 그렇게 선택권을 주신 만큼 지켜야 할 책임도 요구하신단다. 물론 과도한 폭력이나 심각한 잘못으로 결혼 생활이 불가능한 경우도 있지만 하나님은 그조차도 잘 극복하기를 원하신단다. 부족한 사람이라서 배우자를 주신 거니까. 물론 겪어 보지 않고 남의 고통을 쉽게 말할 수는 없어. 다만 원칙이 그렇다는 거야. 너희도 아직 어리다고만 생각하지 말고 결혼에 대한 준비, 배우자에 대한 관념을 지금부터 정립할 필요가 있단다. 바로 너희들을 위해서. 그리고 반드시 기억할 것은 크리스천은 신앙이 같은 사람과 사귀고 결혼하는 것이 좋아. 신앙이 없다면 반드시 구원을 받게 한 후에 결혼하거나 사귀는 것이 좋단다. 꼭 기억해~.

좋은 사람이 되면 좋은 사람을 만날 수 있다

 젊은 청년이나 청소년들은 어떻게 이성의 마음에 드는 사람이 될 수 있는가 하는 것에 관심이 많을 것입니다. 어떻게 하면 이성이 좋아하는 매력적인 사람이 될 수 있는가 하는 것이지요.
 하지만 누구나 이미 정답을 알고 있을지도 모릅니다. 우리가 로맨스 드라마나 영화를 보면 아주 매력적인 남녀 주인공이 나오는데요. 그들의 외모는 따라가기가 힘들 수 있지만 그들의 성품은 어느 정도 노력으로 본받을 수가 있다고 봅니다.
 드라마에 나오는 남자 주인공들은 일단 신사적이고 배려심이 많습니다. 그리고 불의를 보면 참지 못하고, 어려운 일에 처한 사람을 외면하지 않는 용기도 있습니다. 또한 나설 때와 물러설 때를 알고, 사랑에 대해 용기 있는 캐릭터들이 많습니다. 약속을 잘 지키고 한 사람만을 향한 순정도 물론이겠죠.
 여자 주인공도 마찬가지입니다. 사람을 향한 믿음이 남다르고 주변의 시기 질투와 배신에도 의연하게 자기 사랑을 지켜 갑니다. 또 자신이 희생하더라도 상대방의 행복을 더 바라는 깊은 마음이 있는 경우가 많지요. 남녀 주인공 모두 세심하고 성숙한 사랑을 하는 사람들이 대부분이죠.
 반대로 조연이나 악역들은 주인공을 더욱 빛나게 하는 단점들이 있습니다. 사람을 목적이나 도구로 삼거나 폭력적인 남자들은 조심해야 합니다. 허세가 많고 내면보다 겉모습에 치중하는 사람들도 마찬가지이죠. 여자들도 너무 허영심이 많거나 남자를 통해 무언가 목적을 이루려는 사람이 종종 등장합니다. 외모는 잘 꾸미는데 내면을 돌아보지 않는 여자나 탐욕스러운 여자도 악역으로 자주 나오지요.
 물론 드라마와 영화는 현실과 괴리가 있겠지만, 누구든지 비슷한 생각을 하기 때문에 나오는 캐릭터들일 것입니다. 좋은 남자와 좋은 여자는 이미 모두가 알고 있다는 뜻입니다. 그런 성품들은 성경 말씀도 지지하는 아름다운 모습인데요. 그대로 본받아 멋진 사람이 될 수만 있다면 좋을 것입니다. 그러니까 내가 먼저 좋은 사람이 되면 좋은 이성이 다가올 것이고, 모두가 원하는 이상형이 될 수 있다는 것이지요.
 내가 아무 준비를 안 해도 하늘에서 좋은 연인이 행운처럼 뚝 떨어질까요? 아직 부족하지만 내가 먼저 좋은 사람이 되도록 애쓰면 좋은 사람이 나를 알아볼 것입니다. 아직 연인이 없어도 최선을 다하는 것, 그것이 사랑입니다. 사랑(Love)은 로또(Lotto)가 아니랍니다~.

Manner

우리가 버릇없다고 하는데,
예절은 어디까지 지켜야 해요?

Part 13. 사회생활에 꼭 필요한 예의 갖추기

 자, 이번에는 예절과 매너에 대해 알아보자. 일단 예절이라고 하면 무슨 유교적인 고리타분함을 떠올릴 수도 있을 것 같은데, 우리 모두가 바라는 서로에 대한 배려와 질서를 말하는 거야. 누구나 매너 있는 사람을 좋아하는 건 사실이지?

 소은 : 그럼요. 매너를 모르는 사람은 정말 비호감이죠.

 예지 : 저는 친구 사이라도 지킬 것은 좀 지키는 것이 좋다고 생각해요. 친하다고 마구 욕하거나 선을 넘는 경우도 많으니까요.

 그래. 예절과 매너는 서로를 위해서 꼭 필요한 거야. 그래야 모두가 편안하고, 그 사회의 수준도 올라가지. 거리에서 교통질서만 잘 지켜도 사고를 대폭 줄일

수 있어. 또 공원이나 놀이 시설, 경기장 등에서도 공중도덕을 잘 지키면 세계가 부러워하는 나라가 되지. 진짜 선진국은 경제력만으로 되는 것이 아니야. 사람들의 문화 수준이 높으면 세계가 우리를 주목하게 돼서 경제력이 상승할 수도 있단다.

 우람 : 요즘은 점점 세계에서 우리나라가 주목받고 있는 것 같아요.

 찬희 : 하지만 눈살 찌푸릴 만한 일도 여전히 많죠.

 둘 다 맞는 말이야. 너무 우리나라가 주목받는 것에만 자긍심을 가져서는 안 돼. 문화 강국이 되려면 한 가지만 잘해서는 안 되고, 국제 사회에서의 책임과 의무를 잘 실천하면서 약속을 잘 지키는 나라가 되어야 해. 그 모든 것이 일종의 매너이고 질서겠지.

사람은 아무리 잘나도 인성이 제대로 되어 있지 않으면 존경을 받을 수 없단다. 내면의 인격은 반드시 밖으로 드러나게 돼 있지. 세계적인 CEO나 정치인들이 상대방의 매너와 인품을 알아볼 때 기준이 되는 '웨이터 룰'(waiter rule)이라는 게 있어.

 예지 : 아, 식당 종업원을 어떻게 대하는지 보는 거죠?

그래. 웨이터는 서비스직이고 손님을 위해 봉사하는 역할이지만, 그렇다고 함부로 대하면 안 되겠지. 너희가 편의점에서 알바를 할 때 아무리 나이 많은 어른이라도 반말을 하거나 무리한 요구를 하는 것은 손님의 권리를 넘어서는 일일 테니까 말이야. 그렇듯 식당에서 일하는 사람이나 종업원들에게도 예의를 갖추고 부드럽게 말하는 등 작은 모습만 봐도 상대방의 됨됨이를 알 수 있는 게 웨이터 룰이야.

 소은 : 하나를 보면 열을 안다는 거네요.

 정말 정말 중요한 매너는 시간 약속이야. 약속 시간을 지키는 것도 그렇고 무언가 하기로 한 날까지 마치는 일은 아주 중요해. 또 크리스천에게는 예배 매너도 중요하단다.
하나님 앞에서의 영적 자세도 물론이지만 시간 안에 교회에 도착하는 것이나 예배 중 정숙하고 진지하게 임하는 것, 휴대폰을 꺼 두는 것 등등 말이지.

 예지 : 맞아요. 예배에 늦게 오고 대충 예배드리는 친구들이 은근히 많아요.

 예의와 매너는 함께 사는 세상에서 무척 중요한 거야. 아무리 맛있는 음식이라도 대접할 때는 깨끗하고 품격 있는 그릇에 담아야 하듯이, 아무리 진심이 있어도 정제된 말에 담기지 않으면 소용이 없단다. 언제나 매너를 장착한 친절한 사람으로 살아가도록 하자.

장애인을 바라보는 매너를 배우자

우리나라 사람들 중 장애인은 약 5%로 20명 중 1명입니다(남성이 58%, 여성 42%). 전체 장애 유형 중에서 선천적 장애는 약 11%에 불과하고 후천적 장애가 89%입니다. 선천적 장애 역시 유전에 의한 것은 적고, 대부분 후천적으로 장애를 입습니다. 이는 우리 모두가 그렇게 될 수 있다는 뜻입니다. 미래의 내가 겪을 수도 있는 일이니 장애인의 문제에 좀 더 관심을 갖고 바라보는 것이 좋습니다. 또한 장애를 흉내 내거나 수군대는 등의 일도 조심하는 것이 사회적 매너입니다. 이런 의식이 낮으면 장애인들에게 상처를 입히고 결례를 할 수 있습니다.

장애와 질병에 대한 바른 용어를 사용하는 것도 필요합니다. 우선 '장애자'는 잘못된 표현이며 '장애인'으로 써야 합니다. 장애가 없는 사람을 말할 때는 '일반인'이나 '정상인'이 아니라 '비장애인'입니다. 친근하게 대하기 위해 '장애우'라고 부르기도 하는데, 이것은 바람직하지 않습니다. 친구는 호칭만으로 맺어지지 않으니까요. 가장 좋은 것은 본인의 이름으로 불러 주는 것입니다.

벙어리, 귀머거리, 절름발이, 앉은뱅이, 장님, 소경, 맹인, 애꾸, 정신 박약아 등의 용어도 요즘은 사용하지 않습니다. 농인, 청각 장애인, 지체 장애인, 시각 장애인, 지적 장애인 등으로 씁니다. 성경에서는 이런 현대 용어를 사용할 수 없으니 말못하는 자, 귀먹은 자, 못 듣는 자, 눈먼 자, 다리 저는 자, 불구, 걷지 못하는 자, 앞 못 보는 자 등으로 바뀌고 있습니다. '수화'(手話)라고 부르던 것도 '수어'(手語)로 정정되었습니다. 수어는 다른 언어와 마찬가지로 다양한 언어 중 하나입니다.

영어로 장애인은 'the handicapped people'(약점을 지닌 사람들)이나 'the disabled people'(장애를 입은 사람들)이라고 불렀지만, 최근에는 'the challenged people'로 표현합니다. '역경 속에 있지만 도전 중인 사람들'이라는 뜻을 담은 것입니다. 장애는 특별히 극복해야 할 문제가 아니라 그 사람이 지닌 개성이자 상태이며, 그 사람의 특성 중 일부입니다.

장애인은 무조건 도와주고 배려해야 한다고 생각할 필요는 없습니다. 도움이 필요한 장애인을 만났을 때도 "도와드릴까요?"라고 먼저 물어보면 좋습니다. 스스로 할 수 있는 일도 많으니 기다려 주면 좋습니다. 가장 자연스러운 눈길로 다른 모든 사람을 볼 때와 똑같이 바라봐 주는 것, 우리 사회의 동등한 구성원으로 생각하는 것이 가장 적절한 매너입니다. 이제 스스로에게 멋진 예의를 장착해 보세요. 함께 살아가는 세상에서 매너(Manner)는 꼭 갖추어야 할 필수(Must-have) 아이템입니다.

No.1

> 넘버원/일등

일등만 최고인가요?
차별하는 세상이 정말 싫어요.

Part 14. 양극화를 부추기는 세상에서 살아남기

 너희들도 세상이 공평하지 않다고 생각하겠지? 잘난 사람만 대접받는 세상이라고 생각하니?

 소은 : 당연하죠. 공부 못하고 못 생기면 거의 대접받기 힘들어요.

 우람 : 그건 너무 심한 표현이다. 그 정도는 아니지.

 소은 : 간단하게 말하면 그렇다는 거야. 솔직히 세상을 봐라.

 예지 : 저희가 느끼는 세상이 너무 경쟁이 심하고 무서운 건 사실이에요.

 갈수록 그런 현상이 심해지는 것은 맞아. 사람은 많은데 일자리는 적고, 학생

은 많은데 좋은 대학은 적으니 당연하지. 1%의 사람들은 날 때부터 좋은 환경을 타고나고, 나머지는 그저 그렇거나 아니면 열악한 환경에서 태어나는데, 예전처럼 공부 하나만 잘해도 되는 세상은 지나갔고, 그 공부조차 돈으로 만들어 가는 세상이긴 하지. 개천에서 용 나기 어려운 시대인 것은 사실이야.

 찬희 : 그런데 다들 그 길을 가려고 하니까 그게 못 되면 바보가 된 기분이에요.

 경쟁은 사람을 힘들게 만드는 대신 긴장감을 주지. 올림픽을 위해 4년을 달려왔는데 한순간에 물거품이 되는 일도 흔하지만 카메라는 모두 승자만을 비추고, 최고의 실력을 뽐내 메달의 색을 결정하는 경기에 쏠려 있지. 그래서 남이 보기에는 경쟁이 재미있는 거야.

 우람 : 맞아요. 요즘은 TV에서도 다 경쟁을 시키고 등수를 매겨요. 퀴즈나 경연, 오디션은 물론이고, 맛집 정보까지도 꼭 승부를 내죠.

 그래. 경쟁이란 흥미롭고, 눈을 뗄 수가 없기 때문이야. 누가 이길지 궁금하니까. 회사의 경영주나 모든 집단의 리더 입장에서는 경쟁을 시키는 것만큼 편리하게 실력자를 뽑는 방법은 없어. 나머지가 다 도태된다 해도 이기는 사람만 발탁하면 되니까 무작정 시험을 보게 하는 거지. 진짜 인간성과 숨은 재능은 제대로 알아볼 수가 없는 방식이지만 어쩔 수 없이 모두가 이 경쟁에 뛰어들 수밖에 없어.

그런데 예수님은 다양한 직업의 다양한 사람들을 불러서 제자로 삼으셨단다. 그들을 경쟁시키지 않으셨어. 심지어 예수님을 배신할 제자까지도 받아들이셨단다. 그 배신한 제자인 가룟 유다는 그들 중 가장 엘리트였어.

소은 : 역시~ 예수님은 진짜 멋쟁이세요.

자, 우리가 선의의 경쟁도 중요하다는 것을 노력(Effort) 키워드에서 이야기했지? 하나님은 우리의 결과보다 과정을 보신다는 사실을 잊으면 안 돼. 다섯 달란트를 받았든지 두 달란트, 혹은 한 달란트만 받았어도 열심히 그것을 남기면 되는 거야. 한 달란트 받은 사람은 주인의 뜻을 잘못 이해해서 아무 일도 하지 않고 땅에 묻었다가 도로 가져왔지. 만일 주인은 그 종이 달란트를 아주 조금밖에 못 남겼어도 성실하게만 했더라면 착하고 충성된 종이라고 칭찬했을 거야.

예지 : 그런데 우리는 경쟁을 요구하는 사회에 살잖아요.

그래서 이런 세상에 맞설 필요가 있어. 그러려면 꿋꿋하게 살면서 우리의 태도와 행동에 어떤 법칙을 정해야 해. 매번 세상에 휩쓸리면, 잘될 때는 기쁘고 안 되면 좌절하는 악순환을 겪게 돼. 아무리 잘하는 사람도 늘 이길 수는 없으니까 결국은 낙오하고 뒤처지는 느낌을 받을 수밖에 없겠지. 시험을 치든 무슨 일에 도전하든 우리의 법칙은 이런 과정이 좋지 않을까?

1. **일단 최선을 다해 열심히 한다.** 투덜대지 말고, 세상의 시스템을 원망하지 않는다. 열심히 하지 않은 사람은 세상을 바꿀 힘도 없고, 그럴 자격도 없으니까.
2. **지거나 뒤처졌을 때 깨끗이 인정한다.** 하지만 포기하지 말고 다시 도전하거나 다른 길에 도전한다.
3. **과정에 집중한다.** 그러면 결과가 어떻든 후회가 없고, 계속 힘을 낼 수 있다. 누굴 이기기 위해서가 아니라 나의 발전을 위해 노력하고 남이 어떻게 하는지에 따라 내 행동을 바꾸거나 조바심하지 않는다.
4. **목적과 가치를 세운 다음 그에 따라 행동한다.** 하나님의 사람으로서 자존감을 갖고, 나의 가치는 세상이 몰라줘도 충분히 귀중하므로 세상에서 내가 추구하는 가치에 따라 행동한다. 성공하는 길이 지나치게 비기독교적이거나 반인륜적인 일에 기여하는 것이면 미련 없이 포기할 수 있어야 한다.
5. **결과에 승복하고 감사한다.** 승부에 집착하지 않고, 크든 작든 자기가 얻은 힘으로 밝은 세상과 하나님 나라의 확장을 위해 당당하게 산다.

학교에 다니면서는 성적 때문에 주로 스트레스를 받겠지만 더 자라면 취업이나 모든 일이 끝까지 계속 경쟁이고, 언제나 남의 평가를 받기 때문에 더 스트레스를 받는단다. 그럴 때마다 발을 동동 구르며 어떻게 이길까 생각만 하지 말고, 위의 법칙에 따라 행동하면 너희 인생은 충분히 가치가 있을 거야.

 찬희 : 아하~ 알겠어요. 저는 저 법칙에 저만의 법칙을 추가해서 한번 부딪혀 보고 싶어요.

좋은 생각이야. 자기 주관과 확고한 가치관이 없는 사람은 계속 남의 생각에 휘둘릴 수밖에 없어. 이제 용기를 내 봐. 조건만 쳐다보면서 실망할 필요 없단다. 좀 뒤처져도 돼. 양지가 음지 되고 음지가 양지 되는 날이 올 거야.

 소은 : 저도 언젠가 1등 해 볼 수 있겠죠?

물론이지. 하지만 1등 안 해도 살 수 있단다. 굵고 짧게 살라는 말도 있는데, 가늘고 길게 살아도 돼~. 내가 즐겁고 행복해야지, 누구를 위해서 경쟁을 하겠니? 양극화된 부당한 세상은 분명 잘못 가는 거지. 그런 세상을 뒤엎기 위해서라도 거기 휩쓸리면서 일희일비하면 안 돼. 그리고 뒤처진 사람들을 다독이며 다 함께 가야지. 함께 가야 멀리 갈 수 있는 거야. 그래야 우리가 세상의 소금과 빛이 될 수 있단다.

 우람 : 마음이 조금은 편해졌어요. 열심히 하되 조바심은 말자!! 이게 정답이네요.

 예지 : 저는 1번부터 실천해 볼래요. 후회 없이 한번 최선을 다하고 나서 생각해 보려고요.

 굿!! 절대 노력을 게을리 하면 안 돼. 1등이 나쁜 것도 아니고, 열심히 한 사람을 비웃으란 뜻은 더더욱 아니고, 게으르게 대충 살라는 뜻이 결코 아니야.

 다같이 : 넵!! 그 정도는 알아요~~~.

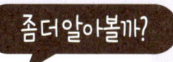

소수만의 독식은 하나님의 방식이 아니다

　세상은 점점 양극화되고 있습니다. 상위 20%의 월 소득은 평균 1,087만 원인 데 비해 하위 20%는 월 117만 원에 불과합니다(2023, 통계청). 하위 20%의 평균이 117만 원이니까 하위 10% 미만의 월평균 소득은 상상하기 힘든 수준일 것입니다. 이것이 공평한 일일까요?

　우리는 먼저 평등과 공평의 개념을 알아야 합니다. 모두가 극장에서 같은 시간에 표를 사서 영화를 보는데 어떤 사람은 구석이라 화면이 왜곡돼 보이고, 어떤 사람은 너무 가까워 눈이 어지럽고, 어떤 사람은 너무 멀어 TV를 보는 듯 화면이 작게 보입니다. 똑같이 영화를 볼 수 있다는 자체는 평등입니다. 그러나 공평하지는 않은 거죠. 안 좋은 자리에 앉는 사람들에게 가격을 할인해 줘야 비로소 공평해집니다.

　하나님의 원리는 공평, 즉 공명정대함입니다. 인간은 저마다 조건과 처지가 달라도 똑같은 자격으로 누구나 구원을 받을 수 있습니다. 구원은 차별이 없는 선물입니다. 하지만 하늘의 상은 모두가 받는 것이 아니지요. 인간의 능력으로 할 수 없는 것은 믿기만 하면 되도록 하시고(평등), 노력으로 가능한 것에는 각기 다른 보상을 주십니다(공평).

　세상에서는 저마다 출발점이 다르고 환경 조건이 다릅니다. 그런데 많이 가진 사람들이 반칙과 편법을 쓰고, 돈과 권력으로 법도 넘어섭니다. 하나님은 이런 세상이 잘못됐다고 말씀하시면서 공평함을 강조하십니다.

> 너는 군중을 따라서 악을 행하지 말며 소송에서 재판을 굽게 하려고 다수를 따라서 기우는 말을 하지 말라. (출애굽기 23:2)

> 너는 재판을 굽게 하지 말고 사람들의 외모를 중시하지 말며 또 뇌물을 받지 말라. 뇌물은 지혜로운 자의 눈을 어둡게 하고 의로운 자의 말을 굽게 하느니라. (신명기 16:19)

　세상에서 우리가 할 일은 정의를 실천하는 것입니다. 많은 사람들이 불공평한 세상을 바꿔야 한다고 외치지만 정작 기회가 오면 자기 자신도 기득권층처럼 행동합니다. 우리는 열심히 노력해 공평하신 하나님의 뜻을 실현하는 사람이 되어야 합니다. 세상을 욕하지만 말고, 아직도 하나님이 하고자 하시면 개천에서 용이 날 수도 있음을 잊지 말며, 약자들을 위해 일하는 우리가 되어야 할 것입니다. 일등(Number one)만 행복한 세상이 아니라, 아무도(No one) 억울한 사람이 없는 세상을 만드는 것이 크리스천의 의무입니다.

Online-addiction

> 온라인 중독

온라인 중독이
그렇게 위험한가요?

Part 15. 온라인과 오프라인의 균형 유지하기

 인터넷과 게임, SNS, 동영상 숏폼 등에 빠져드는 중독… 이건 유독 너희들만의 문제는 아니지? 아마 전 국민이 풀어야 할 문제일지도 몰라.

 우람 : 맞아요. ㅋㅋ 우리 엄마도 스마트폰 중독 장난 아니라니까요.

 찬희 : 이젠 너무 생활화되어서 어디부터가 중독인지 아닌지도 모르겠어요.

 그래. 지금은 온라인이 아니면 국가와 기업이 다 멈춰 버릴 걸? 거의 모든 일이

인터넷이 있어야 처리되기 때문에 늘 온라인 상태에 있다고 봐야겠지. 그런데 필요해서 사용하는 것과는 다르게 '중독'이라고 한다면 그것 때문에 일과 학업 등 정상적인 생활이 불가능한 상태를 말하는 거겠지. 그리고 온라인과 현실을 혼동하는 등 판단력에 문제가 생긴 경우를 말한단다.

소은 : 흐~ 저도 쪼끔 그런가 봐요. 스마트폰이 1미터 이상 몸에서 떨어지면 불안해요.

중독 맞네. 우리가 중독이라고 부르는 것은 뇌의 자극에 관한 거야. 동영상을 보거나 게임을 할 때, 또 SNS에 남들이 누른 '좋아요'를 볼 때 뇌에서 도파민이 분비되는데, 그 즐거움을 느끼기 위해 자꾸만 접속하는 거지. 그러다가 점점 그 주기가 짧아지고, 단시간에 더 많은 자극을 얻으려고 애쓰게 돼. 자극에 무뎌지면 더 강한 자극을 위한 시도를 하게 되지.

예지 : 맞아요. 사람들이 점점 자극적인 이야기나 남의 신상 털기 같은 것에 열광하는 이유도 그래서인 것 같아요.

그래서 중독이 위험한 거야. 그러다 보니 허위 사실을 유포하거나 이야기를 꾸며서라도 관심을 받으려는 크리에이터들이 생겨나고, 그런 사람들에게 엄청난 슈퍼챗 기부가 몰리기도 하는데, 정작 피해자들은 극단적 선택을 하는 일도 비일비재해서 심각하지. 그런 비극은 자극에 열광하는 대중 모두의 책임일 수 있어.

 소은 : 너무 안타까운 일이 많아요. 청소년들 사이에서도 진짜 심해요.

 우람 : 맞아요. 우리도 정말이지 중독에서 벗어나고 싶다고요~~.

 하하, 솔직히 너네도 좀 심하잖아. 안 그래? 부모님들이 걱정하실 만하지 않니?

 우람 : 히히~ 솔직히 좀 그렇긴 하죠.

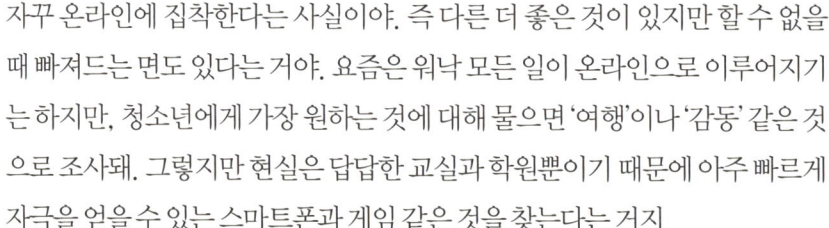

 우리가 알아야 할 것은, 어른이나 아이나 무언가 풀리지 않고 어떻게 헤쳐 나갈 방법이 없는 상황일 때 자꾸 온라인에 집착한다는 사실이야. 즉 다른 더 좋은 것이 있지만 할 수 없을 때 빠져드는 면도 있다는 거야. 요즘은 워낙 모든 일이 온라인으로 이루어지기는 하지만, 청소년에게 가장 원하는 것에 대해 물으면 '여행'이나 '감동' 같은 것으로 조사돼. 그렇지만 현실은 답답한 교실과 학원뿐이기 때문에 아주 빠르게 자극을 얻을 수 있는 스마트폰과 게임 같은 것을 찾는다는 거지.

 예지 : 하고 싶은 일이 엄청 많지만 대리 만족을 하는 수밖에 없을 때가 많죠.

 우람 : 뭔가 괴로운 일이 있을 때도 아무 생각이 안 나요. 멍하니 게임만 하고 있을 때가

많다니까요. 절대 하고 싶어서 하는 것만
은 아닐 때가 많죠.

 그래. 그건 어른들도 마찬가지야. 해
결되지 않는 많은 일을 앞에 두고 있는
데 한 걸음도 앞으로 나아가지 못할 때
게임에 빠지는 일이 많지. 말하자면 게
임 속으로 도피한 거야. 그리고 사회적으로
해결되지 않는 문제들, 그러니까 성장하기 싫어하는 사람
들은 대인 기피증과 심지어 대인 공포증이 있고, 세상에서 부대끼고 부딪히며
살아가는 것에 큰 두려움을 가지고 있어. 그러다 보니 나가서 사람들을 만나는
것보다 쌍방향 소통이 필요 없는 인터넷을 찾는 거야. 싫으면 끄면 되고, 닫으
면 되고, 차단하면 그만이니 얼마나 편리하니. 안 그래?

 **찬희 : 정말 그러네요. 정면으로 돌파하지 못하는 비겁한 사람들이 인터넷에서는 엄청
용감하게 증오심을 드러내고, 나쁜 짓 하는 자기 모습을 촬영해 자랑하기도 해요.**

 인터넷을 하느라 자기 아이를 돌보지 않아서 죽게 만든 부부도 있었어. 이것은
인간성의 상실과 무책임이 문제지만 그들이 게임 중독이었다는 사실이 놀라
운 일이었지. 더욱 놀라운 것은 그들이 온라인상에서 가정을 만들고 아이를 키
우는 그런 게임에 깊이 빠져 있었다는 사실이야. 가상과 실제를 혼동하다 못해
자기 아기가 죽는 것도 모른다니… 희귀한 사례이긴 하지만 우리 사회의 단면
을 보여 준 사례란다.

소은 : 너무해요. 도저히 그럴 순 없을 것 같은데… 히잉….

 한 청소년이 며칠 동안 게임만 하다가 죽은 안타까운 사건도 있었지. 왜 그랬을까? 배가 고프면 먹고, 힘들면 쉬면 되는데 말이야. 게임은 계속 두뇌에 자극을 주는 행위지? 그러다 보면 몸이 피곤해도 자기가 피곤한 줄을 몰라. 그리고 멈추면 허전하니까 계속해서 몰두하는 거야. 현실로 돌아오면 어색하고, 마치 약물에 중독된 사람처럼 금단 현상 같은 게 생겨서 불안해지지. 그러니까 멈추지 못한 거야. 그러다 보니 심하면 배고픔도 모르고, 혈액 순환이 안 될 정도로 자기 몸이 한계에 이르는 것도 느끼지 못하는 상태가 될 수 있어.

 찬희 : 근데 게임이 무조건 나쁜 건 아니라는 건 어른들도 꼭 알아주시면 좋겠어요.

 물론이야. 청소년들도 절제를 해야겠지만, 게임 자체를 다 나쁘게 보는 어른들도 생각을 바꿀 필요가 있어. 게임은 이제 e-스포츠로 인정받고 있고, 젊은 이들은 게임 안에서 사람을 만나고 소통하는 거니까 어른들이 편견의 시선을 거둘 부분도 많지. 다만 어른들은 온라인 활동이 너희 삶에 지장을 줄까 봐 염려하는 거야. 모든 것은 선용할 때 가치가 있어. 인터넷의 단점도 많지만, 선교와 복음 선포에 활용되는 일도 굉장히 많잖아. 온 세계 구석구석에서 말씀과 찬양을 들을 수 있고, 앱을 통해 성경도 읽을 수 있단다. 그러니까 온라인을 절제해서 최소한으로 사용하고, 이왕 할 거면 의미 있고 하나님이 기뻐하실 만한 일을 하면 좋겠지? 너희들의 멋진 활약을 기대할게~.

오프라인은 사람을 똑똑하게 만든다

　도파민이란 뇌에서 나오는 다양한 기능의 신경 전달 물질이라 그 자체에 잘못이 없고, 도파민을 유발하는 것들에 중독되는 것이 문제인데요. 잠시도 심심한 것을 참지 못해 수시로 동영상과 숏폼 같은 것을 들여다보거나 투자한 주식과 코인의 현황과 SNS의 조회 수를 확인하는 등의 일에 중독되는 이들이 많습니다. 현대인은 스마트폰을 하루에 100번에서 200번 정도 확인한다고 하는데, 거의 노예라 할 만한 수준이죠?

　그런데 중독이 위험하다고 하는 이유는 일단 사람이 멍청해지기 때문입니다. 동영상과 다양한 정보를 접하면 아는 것도 많아지고, 더 생각할 거리도 많을 텐데 왜 멍청해진다고 할까요? 치매가 늘어나는 이유도 디지털 중독과 크게 연관이 있다는데, 늘 무언가 접하면서 머리를 더 많이 쓸 것 같은데 뇌는 점점 굳어집니다. 웃긴 콘텐츠가 유튜브에 넘쳐 나는데 우울증은 더 늘어나는 것과 비슷합니다. 한마디로 말하면 우리가 할 생각을 디지털 기기가 대신해 주기 때문입니다. 요즘 사람들이 사진을 많이 찍지만, 사진을 찍은 부분은 다른 부분보다 오히려 기억에는 덜 남는다고 합니다. 자기 경험을 기억하기 위한 감정적인 처리 과정을 카메라가 대신하기 때문이지요. 카메라가 어떤 장면을 포착할 때, 뇌는 그 순간을 포착하지 않는다고 합니다. 그리고 대부분의 사진은 다시 꺼내 보지 않기가 일쑤입니다.

　중독 전문가들은 인간의 뇌가 활발히 무언가를 할 때보다 멍하니 있을 때 더 좋아진다는 것을 갖가지 실험을 통해 입증하고 있습니다. 외부 세계에 집중하지 않고 내면세계를 떠돌아다닐 때 뇌의 활동은 오히려 거대한 기억의 보고에서 수집물을 꺼내고, 미래를 상상하고, 타인과의 상호 관계를 분석하며, 자신의 본질을 깊이 묵상한다는 것입니다. 빨간 신호등 앞에서 지루하게 기다리는 동안 시간을 낭비하고 있는 것 같지만 뇌는 넓은 시각으로 아이디어와 사건들을 바라보고 있는 것인데요. 횡단보도 앞에서까지 스마트폰만 보는 사람들 때문에 바닥 신호등까지 등장한 상황입니다.

　마음의 방황이나 몽상, 소위 멍 때리기 같은 일이 사물을 경험하고, 재구성하며, 더 깊이 이해하게 만듭니다. 이는 마치 논쟁을 할 때는 생각나지 않던 것이 혼자 남아 되돌아볼 때 한층 명료하고 풍부한 생각과 합리성을 지니게 되는 것과 같습니다. 그래서 오프라인 상태가 길어질수록 사람은 현명하고 똑똑해지는 것이지요. 사람도 잠을 자야 다시 움직일 수 있듯이 건강한 온라인(Online) 활동에는 반드시 충분한 오프라인(Offline) 상태가 필수라는 것을 기억하세요.

Parents

부모님

부모님의 잔소리, 너무 싫어요.
어른들은 왜 그러실까요?

Part 16. 악화된 어른들과의 관계 개선하기

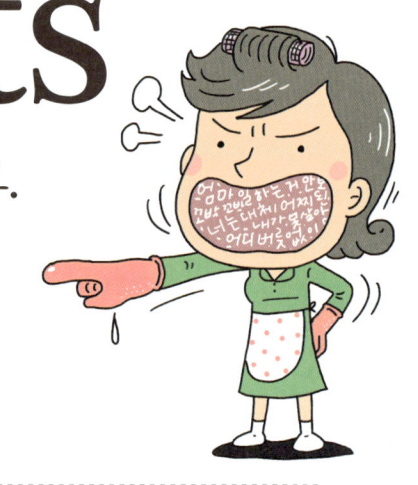

 부모님과의 갈등이 없는 사람은 없겠지? 물론 잘 지내는 친구들도 있겠지만 모든 부분이 맞지는 않을 거야. 너희들의 가장 큰 고민은 아무래도….

 다같이 : 잔소리요!!

 말 안 해도 안다. 엄마 아빠 잔소리가 그렇게 싫으냐?

 찬희 : 뭐랄까… 잔소리를 듣고 있으면 머리가 돌아 버리는 것 같아요.

 소은 : 잘해 보려다가도 잔소리를 하시면 하기 싫어져요.

 긴 잔소리를 듣는 것은 마치 병사가 전쟁터의 한복판에 있는 것과 맞먹는 스트레스라는 거 잘 안다. 다 너희들을 위해서 그러시는 거라는 건 질리게 들어서 잘 알 테고….

 우람 : 저도 부모님 뜻대로 잘하고 싶지만, 안 되는 걸 자꾸 얘기하시면 정말 노답이에요.

 예지 : 게다가 꾸중하실 땐 대답만 안 해도 난리 나죠. 딴 생각 하고 있으면 안 되잖아요.

 우람 : 맞아 맞아. 난리 나지. "너 엄마 말이 우습니? 앙? 어른이 말을 하면 네~ 해야지. 다 너희 위해서 그러는 거지. 잔소리 하고 싶은 부모가 어디 있어? 커서 뭐가 되려고 그러니? 저렇게 안 키웠는데, 못살아, 내가…."

 소은 : 너네 엄마랑 우리 엄마랑 만나시니? 어떻게 대사가 토씨 하나 안 틀리고 똑같아?

 모처럼 생각이 일치하는구나. ㅎㅎ 부모님의 잔소리는 기대치가 있기 때문이야. 그러면 너희는 또 "제발 기대하시지 말라고요." 하겠지.

 우람 : 어떻게 아셨어요? 기대하지 말고 조금 놔두시면 좋겠어요. 진짜 살기 힘들다고요.

 편한 사이일수록 좋게 말하고 부드럽게 표현해야지. 가족이라 편하게 한다지만 서로 조심해야 해. 그런데 부모님도 가끔 심하시지만 너희가 부모님께 하는 말도 그리 예쁘진 않잖아. 그 역시 가족이기 때문이고 말이야.

 찬희 : 돌아서면 후회도 많이 하죠. 근데 또 잔소리를 들으면 그렇게 잘 안 돼요.

 우리나라가 일본이랑 월드컵 축구 경기를 한다든지, 금메달을 놓고 중요한 국제 경기를 할 때 선수가 실수하면 사람들이 호프집에 모여서 막 욕하고 난리가 나지? 그런데 아무리 헛발질한 선수라도 앞에 나타나면 사인을 받고 악수하려고 난리 날걸? 욕한 건 당연히 잘해 주기를 바라는데 잘 안 돼서 그랬던 것 뿐이야. 애정이 없는 사람은 응원도 안 해.

 예지 : 네. 그렇게 생각하니 부모님 마음을 좀 더 알 것 같아요. 다만 표현을 좀….

 그건 부모님들도 고쳐야지. 아무튼 부모님들의 기대는 출세하거나 호강시켜 달라, 그런 종류가 아니야. 부모는 본능적으로 자식 곁에 계속 있을 수가 없고, 어느 날 갑자기 떠날 수도 있다는 걸 알기 때문에 자식들이 자기 앞가림을 충분히 잘하는 모습을 얼른 보고 싶은 거란다. 어른들은 인생을 살면서 부모님이 정말 필요할 때 떠나간 경우도 있고, 주변에서도 그런 걸 너무 보았으니까. 그러다 보면 잔소리 해 주는 부모님이 계신 것만도 너무 부러울 때가 있는 거야.

소은 : 그럴 수도 있겠네요. 부모님 마음을 조금 알 것 같아요. 물론 저희도 부모님을 사랑하죠.

 그런데 너희들이 알아야 할 것은, 어떤 방식으로든 훈계를 하는 것은 부모의 의무이자 역할이라는 사실이야. 성경은 부모의 훈계를 잘 들으라고 여러 번 말씀하고 있어.

내 아들아, 네 아버지의 훈계를 듣고 네 어머니의 법을 버리지 말라. (잠언 1:8)

그리고 아무리 화가 나도 자기 부모를 욕하거나 저주하면 잘될 수가 없다고 했단다.

누구든지 자기 아버지나 어머니를 저주하면 그 사람의 등불은 깜깜한 어둠 속에서 꺼지리라. (잠언 20:20)

 우람 : 좀 무서운 말씀이네요. 흐….

 더 무서운 말씀도 많아. 요즘은 가족 간에 범죄를 저지르는 험한 뉴스도 많고, 부모를 방치하는 자식들이 많아서 잘 부양하겠다는 '효도 계약서'까지 주고받는 세태라지만 우리가 부모님을 공경하는 것은 부모님이 내게 어떻게 하는지에 따라 달라지는 게 아니야. 자식들의 축복을 위해서도 필요한 일이야. 하나님은 부모를 공경하는 사람이 이 땅에서도 오래 잘 살 거라고 하셨으니까.

네 아버지와 어머니를 공경하라. 그리하면 주 네 하나님이 네게 주는 땅에서 네 날들이 길리라. (출애굽기 20:12)

Parents · 103

사춘기는 부모에게 반항할 특권이 주어지는 시기가 아니야. 어느 시대, 어느 민족이라도 부모에게 잘해야 하는 것은 예외가 없단다. 그렇지만 공평하신 하나님은 자식만 부모에게 잘하라고 하시지 않아.

또 너희 아버지들아, 너희 자녀들을 노엽게 하지 말고 오직 주의 교육과 훈계로 양육하라. (에베소서 6:4)

아버지들아, 너희 자녀들을 노엽게 하지 말라. 그들이 낙담할까 염려하노라. (골로새서 3:21)

이런 말씀도 있으니 과도한 잔소리나 과격한 비난, 다른 아이들과 비교하기 등등의 부당한 훈계는 하나님이 기뻐하시지 않겠지. 다만 그것도 부모님이 직접 하나님 앞에서 잘 행해야 할 일이지, 너희들이 말씀을 들추며 따질 일은 아니야.

 찬희 : 역시 하나님은 공평하신 분 같아요.

 이렇게 부모님과의 마찰은 어느 한쪽의 문제만은 아니니까 지혜롭고 슬기롭게 대처해야 해. 쉬운 이야기는 아니겠지만 말이다. 부모님과 서로 한걸음씩 다가갈 일인데, 일단 너희는 부모님의 겉만 보지 말고 그 속에 담긴 진심을 읽도록 노력하면 좋을 거야. 끝으로 진짜 중요한 게 있는데… 엄마의 잔소리는 안 고쳐진단다. 하하, 그냥 너희가 포기하는 게 빨라.^^

 소은 : 으아아~~ 안 돼요, 안 돼~!!

이 시대에 다시 생각해 보는 부모의 역할

요즘은 옆집에 누가 사는지도 모르지만 1980~1990년대만 해도 마을 공동체에서 서로 오가며 이웃 아이들도 자기 아이들처럼 가르치고, 먹이고, 뒹굴며 같이 자랐습니다. 지금은 아파트 옆집도 서로 오가지 않는 세상이죠. 오히려 서로 피해를 입지 않을까 염려할 정도입니다.

지금은 사회가 불안해지고 학교도 교사도 친구도 믿기 힘든 세상이라 그런지 각 가정의 부모들, 특히 엄마들은 자식에 대해 자기가 앞장서서 모든 길을 터 주어야 한다는 생각을 하게 됩니다. 외국도 예외는 아니어서 어느 나라에는 '컬링 페어런츠'(curling parents)라는 말도 있다고 합니다. 컬링은 얼음판에서 스톤(돌)을 밀면 돌이 지나가는 빙판길을 선수들이 스틱으로 열심히 닦아서 목표 지점까지 가게 하는 경기입니다. 아이들이 가는 길에 정작 본인들은 아무것도 할 일이 없도록 모든 것을 챙겨 주는 부모를 말합니다.

하지만 성경은 아버지의 훈육을 중시합니다. 아버지의 교육은 어찌 보면 무관심한 것 같지만 늘 지켜보는 교육입니다. 물론 엄마가 빠져야 한다거나 세세한 것까지 아빠가 하라는 것이 아니라, 기본 철학과 교육의 원칙을 아빠가 세워야 한다는 뜻입니다. 이런 기본 방향 아래 세심하고 사랑이 많은 엄마는 구체적인 부분을 도우면 됩니다. 아빠가 구단주라면 엄마는 감독입니다. 아빠가 연예 기획사 사장이면 엄마는 매니저가 되는 것이죠.

우리 아이들은 믿는 만큼 성장할 수 있는 가능성이 있습니다. 아기 때는 무엇이든 할 수 있다는 생각을 심어 줄 수 있지만, 청소년이 되면 좌절과 포기를 배워야 삶을 살아갈 근육이 생깁니다. 이것을 부모가 계속 대신 해 주면서 언제까지나 "다 잘 될 거야"라는 막연한 희망만 심어 주면 안 됩니다. 유아기의 동화 속 영웅 같은 용기는 어른이 되어서까지 엄마와 밀착돼 있으면 결코 사라지지 않습니다. 아버지의 역할  이 충분히 이루어질 때 비로소 엄마와의 적당한 거리가 생기고, 아이들은 세상의 현실을 알 수 있다고 전문가들은 말합니다.

만 12세면 유대인들은 성인식을 하고 독립을 시작합니다. 이때 친지들이 주는 꽤 큰 격려금으로 커서 무엇을 할지 고민하며 인생을 설계한다고 합니다. 여건은 다르지만 아이들의 독립을 고민할 시점은 대략 알 수 있는 것입니다. 부모는 모든 것을 대신해 주는 사람도, 감시자도 아닙니다. 인생이라는 마라톤에서 아이들은 열심히 뛸 때 함께 달리며 돕는 존재입니다. 부모(Parents)는 감시자가 아니라 함께 달리는 페이스메이커(Pacemaker)임을 기억하세요.

이제 서로 입장을 바꿔 볼까요? 부모님들은 조금 자제하고, 자녀들은 부모님의 진심에 귀를 기울이면서 서로 가장 좋은 친구가 되어 보세요. 성적과 성공보다 중요한 것은 사랑과 행복이라는 것을 잊지 마세요!

Queer

> 성 소수자

동성애는 타고나는 것 같은데
왜 나쁘다고 하나요?

Part 17. 동성애의 실체와 실태 바로 이해하기

 퀴어(queer)는 원래 남자 동성애자를 부르는 말이었지만 지금은 모든 종류의 성 소수자를 뜻하는 넓은 개념으로 쓰이는 말이야.

 우람 : 우리 반 친구 하나가 동성애 때문에 고민이래요. 소문 듣고 깜짝 놀랐어요.

 그렇구나. 우선 너희가 꼭 알아야 할 문제가 있어. 동성애만이 하나님 앞에 특별히 나쁜 죄는 아니라는 거야. 그런데 마치 동성애가 가장 큰 죄악인 양 마녀사냥 식으로 그들을 취급하는 것은 옳지 않아. 사회법으로는 죄악이 아니기 때문에 혐오적인 표현은 조심할 필요가 있어. 물론 하나님 앞에서 큰 죄악인 것은 분명하지만 사회에서는 그들에게도 자유가 있으니까.

예지 : 하긴 낙태나 살인, 성폭행, 테러, 전쟁 같은 것도 있는데….

 소은 : 요즘은 동성애 영화 같은 것도 엄청 많아요.

 진짜 예전과 달리 드러내 놓고 영화와 시리즈를 만들고 또 발표하고 있단다. 어떤 OTT 앱에서는 그런 장르만 모아서 카테고리를 만들어 놓을 정도로 노골적이야.

 찬희 : 저도 그냥 로맨틱 코미디인 줄 알고 조금 보다가 깜짝 놀랐어요!

 포스터에서는 잘 드러나지 않으니까 바로 알기 어려운 것도 많아. 그런 장르를 BL물이라고 부르기도 하는데, 보이 러브(Boy Love)라는 뜻이지.

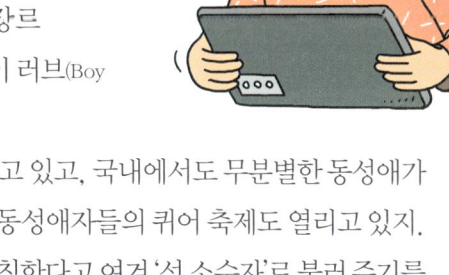

요즘 세계적으로 동성 결혼이 확산되고 있고, 국내에서도 무분별한 동성애가 사회 문제로 떠오른 지 오래야. 매년 동성애자들의 퀴어 축제도 열리고 있지. 이들은 동성애라는 말이 비정상을 지칭한다고 여겨 '성 소수자'로 불러 주기를 원해. 성적 취향이 남다를 뿐인 그저 소수의 약자들이라는 뜻이지.

 소은 : 성 소수자라고 하면 정확히 어떤 사람들을 말하는 거예요?

 성 소수자, 즉 동성애자는 대체로 다음의 특징을 지닌 사람들로 규정한단다.

1. 동성에게 성적 끌림(sexual attraction) 현상을 보이는 사람.
2. 동성과 성관계(sexual behavior)를 갖는 사람.
3. 동성애자로서의 성 정체성(sexual identity)을 지니는 사람. 즉, 이성에게 흥미를 느끼지 못하는 등 동성을 사랑하고 원하는 존재임을 스스로 아는 사람.

동성애자들은 LGBT+Q로 표현하는데, 여성 동성애자(레즈비언 lesbian), 남성 동성애자(게이 gay), 양성애자(바이섹슈얼 bisexual), 성 전환자(트랜스젠더 transgender)를 의미해. +Q는 퀴어(queer)인데, LGBT만으로는 규정할 수 없는 자신들의 모든 동성애적 취향을 표현하는 말이야. 대개 동성애자들은 자기가 원하지 않고, 이성을 사랑하려고 해도 자꾸만 동성에게 끌리는 자신 때문에 죄책감을 느끼고 오랜 세월 고민했다고 말하기도 하지.

우람 : 퀴어 축제 같은 때 보면 무지개를 많이 내세우더라고요.

그들의 상징이 여섯 색깔 무지개야. 원래 무지개는 일곱 색이고, 하나님이 다시 세상을 물로 멸하지 않겠다는 약속으로 노아 가족에게 보여 주신 건데, 동성애자들은 양쪽에서 퍼레이드를 하기 위해 6색의 무지개를 내세우지. 각 색깔에는 의미가 있단다. 빨강(Life 인생), 주황(Healing 치유), 노랑(Sun 태양), 초록(Nature 자연), 파랑(Art 예술), 보라(Spirit 영혼)인데, 때론 핑크와 군청을 더해 8색으로 쓰기도 해.

찬희 : 제 친구가 선천적인 동성애 유전자가 있다고 우기던데, 사실이에요?

 아니. 전혀 그런 유전자가 있거나 동성애가 선천적이라는 것이 사실로 밝혀진 바는 없어. 1993년에 xq28 유전자가 동성애와 연관이 있다는 학설을 발표한 딘 해머(Dean Hamer) 같은 사람이 있었지만, 1999년에 근거가 없는 것으로 드러났고, 2005년에는 딘 해머 자신이 포함된 연구 팀이 그 연구가 무의미한 것임을 인정했어.

지금까지도 관련 유전자는 밝혀지지 않았고, 후천적 경험과 학습 요인이 더 많은 영향을 미친다는 것이 인정되지만, 동성애를 옹호하는 사람들은 이미 거짓으로 드러난 옛 발표만 앵무새처럼 반복하지. 동성애적 성향이 선천적인 것이라면 왜 쌍둥이가 서로 다른 성 정체성을 지닐까? 그리고 동성애자들의 부모와 조상은 왜 이성과 결혼해 동성애자를 낳았을까?

 예지 : 하긴 동성애자들끼리는 아기를 낳지 못하는데 유전된다는 말 자체가 난센스네요.

 우람 : 그러네. 모든 동성애자들의 부모님은 당연히 남자와 여자인데 뭘 타고났다는 거야?

하지만 동성애자들을 무작정 혐오하거나 비난만 하면 안 돼. 잘못된 상식을 알리고 치유받도록 도와야지. 동성애는 치유가 가능하고, 실제로 그런 사례가 많아. 다만 동성애가 죄라는 것은 분명히 알아야 해. 성 정체성을 흔들면 우리 사회에는 많은 다툼과 불행이 찾아온단다. 또 동성 결혼은 다산하고 번성하라는 하나님의 명령과 달리 안 그래도 세계 최저 수준의 출생률인 우리나라의 인구 감소를 부르고, 많은 사회적 비용이 요구되겠지.

 우람 : 듣고 보니 정말 말이 안 되네요. 동성애에 대해 잘 모르는 친구들에게 알려 줘야겠어요.

 하나님은 동성애를 분명한 죄로 보신단다. 동성애, 특히 남색은 소돔과 고모라에서 벌어지던 일이고, 하나님의 진노로 인한 멸망을 불렀어. 그래서 옛부터 동성애를 소도미(sodomy)라고 불렀고, 동성애자를 소도마이트(sodomite)라고 했는데, 소도마이트는 전통적인 영어 성경에는 단어가 남아 있단다. 아무튼 동성애와 동성혼은 성경은 물론 사회적 시스템을 붕괴시키는 일이란다. 가족의 개념, 결혼의 개념도 흐트러지게 만드는 일이야. 그들은 결혼이라는 말보다 '시민 결합' 등의 용어를 선호하는데, 결혼이 꼭 남녀가 하는 것은 아니라고 말하기 위한 거지. 이런 개념들을 잘 알고 주변에도 알려야 해. 결코 미워하거나 혐오하기 위한 것이 아니라는 것도 말이지. 이제 동성애의 과학적 진실과 현황에 대해서 조금 더 알아보자.

동성애의 과학적 진실부터 알아야

최초로 동성애자의 비율을 조사한 미국의 동물학자 알프레드 킨제이(A. Kinsey)는 1948년에 5,300명의 남성을 대상으로 조사 후 〈남성의 성적 행동〉이라는 책을 출판했습니다. 그는 이 책에서 미국 남성의 13%가 16세에서 55세까지 최소 3년 동안 동성애 경향을 보인다고 주장했고, 1953년에 쓴 〈여성의 성적 행동〉에서는 여성 동성애자가 7%라고 주장했습니다. 이 두 권의 책은 일명 '킨제이 보고서'로 불립니다.

양성애자였던 그는 근친상간, 어린이나 동물과의 성행위 등 모든 종류의 성행위를 옹호했고, 성에 가해진 문화적·종교적 제약을 거부했습니다. 그의 보고서는 수백 명의 남성 매춘부와 1,200명의 성범죄자, 다수의 소아 애호자, 노출증 환자, 교도소 수감자 등이 전체 표본의 최소 25%를 차지하는 것으로 결과가 상당히 왜곡된 것이었습니다.

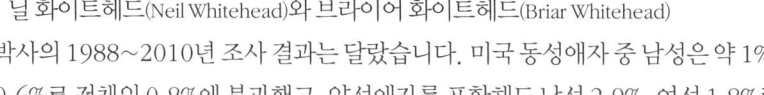

닐 화이트헤드(Neil Whitehead)와 브라이어 화이트헤드(Briar Whitehead) 박사의 1988~2010년 조사 결과는 달랐습니다. 미국 동성애자 중 남성은 약 1%, 여성은 약 0.6%로 전체의 0.8%에 불과했고, 양성애지를 포함해도 남성 2.9%, 여성 1.8%로 전체 평균 2.4%, 2008년경에는 약 3.7%였습니다. 캐나다와 영국은 각각 0.8%(2003)와 1.5%(2010)로 나타났습니다. 그러나 킨제이의 왜곡은 이미 사람들의 뇌리에 박혀 버렸습니다.

동성애는 어린 시절의 성적 학대가 가장 큰 원인으로 꼽힙니다. 아이들은 보이지 않는 곳에서 주변 선배나 어른에게 크고 작은 성적 학대를 받기 쉽지만 부모들은 잘 모르는 경우가 많습니다. 또한 음란물과 해로운 미디어에 노출된 아이들은 왜곡된 성 정체성을 가지게 됩니다. 어머니가 우세한 가정 환경도 하나의 원인으로 꼽힙니다.

동성애는 계속 파트너를 바꾸는 구조라서 일생 동안 평균 수십 명과 상대하는 것이 기본이며, 그들의 관계는 일반인 동성 커플보다 훨씬 잘 깨집니다. 최근에는 바티칸의 천주교 교황이 동성 커플도 축복할 수 있다고 했는데, 예전의 단호한 입장에서 점점 너그럽게 변하고 있습니다. 그러나 하나님의 말씀이 변하지 않듯이 인간이 마음대로 허용할 수 없는 것이 동성애입니다.

동성애는 몸과 마음에 상처만 남깁니다. 성전환도 실제로 성을 바꾸는 과정이 아니라 억지로 이루어지는 것이고, 동성 간의 관계는 에이즈를 비롯한 각종 질환에 더 쉽게 노출됩니다. 단순한 호기심으로 다가갈 일이 전혀 아닌 것입니다. 모든 성소수자(Queer)가 속히 그 길을 끝내고 (Quit) 하나님 품으로 돌아오기를 바랍니다.

Reading

> 독서

책 읽기는 정말 싫은데
왜 자꾸만 읽으라고 해요?

Part 18. 독서를 통해 삶의 자산 마련하기

 책이 점점 사라지는 세상이니 이 주제는 좀 뜬금없을 수도 있겠다.
어쩌면 독서는 오히려 책을 너무 안 읽는 너희 때문에 속상한 부모님들이나 선생님들의 고민일지도 몰라.
너희도 괴롭겠지만 말이야~.

 우람 : 책은 정말 눈에 안 들어와요. 으으….

 찬희 : 책을 읽어야겠다는 생각은 있는데, 나도 모르게 스마트폰으로 손이 가죠.

 아무리 책 속에 길이 있다고 해도 읽어야 내 것이 되지. 너희들에게는 와닿지 않겠지만 책은 정말 인생을 사는 데 꼭 필요한 밑천이야. 당장 읽지 못해도 그건 꼭 기억해야 해.

찬희 : 언젠가 필요할지 몰라도 그때를 위해서 지금 책을 펼치기는 사실 좀 쉽지 않아요.

 물론 단기적으로나 특정한 효과 면에서 독서라는 자산을 앞지르는 것은 많아. 돈도 그렇고, 성적이나 자격증 같은 것도 그렇겠지. 그런데 독서가 가장 큰 밑천이라고 말하는 이유는 이것이 가장 광범위하게, 모든 분야에서, 전 인생에 걸쳐 효과를 발휘하기 때문이야.

 예지 : 학업에도 도움이 많이 돼요. 국어 시험은 물론이지만 사실 모든 시험에서 문제 자체를 이해하거나 문제가 원하는 포인트와 함정을 알려면 책을 많이 읽는 게 진짜 유리하거든요. 저도 도움 많이 받았어요.

 글을 해독하는 문해력이 늘면 모든 면에서 도움이 되지. 우리나라는 한글 덕분에 문맹률은 낮지만 OECD 국가 중에서 문해력이 그리 높은 나라는 아니야. 물론 평균이 그런 거고, 청년층의 문해력은 평균보다 높은 편이지만, 갈수록 청년들의 문해력에 양극화가 심해지고 있단다. 요인은 여러 가지가 있겠지만 아무래도 스마트폰이나 각종 온라인 도구들 때문이겠지. 화장실에 들어갈 때까지 폰을 들고 가는 요즘이니 책이 눈에 들어올 리 없지. 지하철에서도 책을 보는 사람이 드물고 말이야.

 우람 : 저도 책이랑 화해해야겠어요. 책에 취미를 붙이려면 어떻게 해야 해요?

그건 뭐 누가 어떻게 해 줄 수 있는 게 아니고, 각자 노력해야지. 다만 처음에는 관심 분야의 실용 서적이나 재미있는 소설부터 시작하면 좀 나을 거야. 관심이 가는 주제의 책을 도서관이나 서점에서 찾아봐. 책에서 흥미를 느끼기 시작하면 분야를 확대해서 인문학 서적이나 신앙 서적 등 점점 진지하고 무게감 있는 책을 읽으면 돼. 또 요즘에는 읽어 주는 오디오 북도 많으니까 짧은 것부터 들으면서 취미를 붙이는 것도 방법이야.

 찬희 : 유익하지 않은 책도 많잖아요. 어떻게 구분해요?

 사실 대부분의 책은 인본주의적 입장에서 기록됐기 때문에 세상에서 좋다고 하는 책에도 잘못된 관점이 많아. 판단이 서지 않을 경우에는 크로스 체크해서 선택하는 것이 좋고, 신앙 서적으로 분류되는 것 중에도 위험한 것이 있으니까 공신력 있는 출판사 위주로 가려서 읽어야 해. 그런 판단이 서려면 무엇보다 건전한 세계관이 중요하니까 성경을 가까이 하면서 좋은 멘토를 두고 조언을 구하면 좋겠지?

문자는 인간만이 가진 것으로 하나님의 말씀이 기록되고 주어진 귀중한 도구야. 아무리 많은 동영상에서 정보를 얻어도 결국은 문자화되어야 요약과 전달과 보존이 가능하지. 앞으로 점점 종이책보다는 전자책과 파일로 보는 경우가 많아지겠지만 그래도 책은 영원히 존재할 거야. 하나님의 말씀도 언제까지나 책으로, 글로 보존된단다. 아무튼 너희가 독서라는 고상한 취미를 지녀서 일생의 귀중한 자산으로 삼기를 바란다.

> 좀더 알아볼까?

진짜 부자가 되고 싶다면 책을 가까이~

  한 실험에 의하면, 일상의 다양한 활동 중 스트레스 지수를 가장 많이 낮춰 주는 것은 의외로 '독서'였습니다. 책은 읽는 사람에게 반드시 몇 배로 되돌려 주는 아주 성실한 친구입니다. 문학 책은 문학에만, 수학 관련 책은 수학에만, 과학 서적은 과학에만 영향을 미치지 않고, 모든 면에 영향을 끼친답니다. 그래서 자기가 다루는 분야의 책만 읽지 말고 다양하게 읽는 것이 좋겠지요. 전혀 다른 장르의 책에서 의외의 해답을 얻는 일은 흔하니까요.

  독서를 많이 하면 언어 영역에 큰 도움을 받을 수 있습니다. 수능에서도 언어가 차지하는 점수는 무척 큰데요. 많은 청소년들이 문제를 읽고 이해하는 부분에서 힘들어하기도 하죠. 어른들의 생각과는 달리 그 문제의 난이도가 만만하지 않으니까요. 이해를 한다 해도 시간 안에 다 푸는 것이 숙제입니다. 그래서 문제에 대한 빠른 판단과 결정력이 중요합니다. 책을 많이 읽은 사람과 그렇지 못한 사람은 여기서 많은 차이를 보일 수밖에 없습니다.

  좋은 책을 찾으려면 일단 저자 혹은 번역자, 출판사를 잘 선정해야 합니다. 같은 번역서라도 번역에 따라 완전히 다른 책이 됩니다. 또한 좋은 편집자가 만든 책은 훨씬 내용이 알차고 가독성이 있기 때문에 믿고 볼 만한 출판사의 것을 선택해야 합니다.

  너무 축약되고 각색한 책도 피하는 것이 좋습니다. 예컨대 조너선 스위프트의 『걸리버 여행기』는 무척 길고, 세상에 대한 통렬한 풍자서로 4개의 파트로 되어 있는데, 소인국 부분만 축약한 동화 같은 것만 읽으면 이 책을 제대로 읽은 것이 아닙니다. 애니메이션 "인어공주"를 옮긴 아동용 동화책을 보고 안데르센의 『인어공주』를 읽었다고 하면 안 되고, 성경 만화 한 세트를 보고 성경을 다 읽었다고 하면 안 되는 것처럼 말이지요. 가능하면 완역판을 읽고 원형대로 만들어진 것을 읽는 것이 좋습니다.

  청소년 여러분, 지금 몰두할 일이 없거나, 마음은 급한데 목표가 빨리 이루어지지 않거나, 애매한 시간이 주어졌을 때, 시간을 허투루 보내지 말고 책을 읽으세요. 책을 읽으면 결코 그 시간을 흘려보내는 것이 아니라는 것을 꼭 강조하고 싶습니다. 공부를 많이 한 사람도 책 많이 읽은 사람은 못 당하는 법이지요. 부모님들도 책 읽는 모습을 자녀들에게 많이 보여 주면 서로에게 도움이 될 것입니다. 책 속에 길이 있습니다. 독서(Reading)를 통해 인생의 길(Road)을 찾아보세요.

Study

> 공부

공부하기 진짜 싫은데,
대학을 꼭 가야만 하나요?

Part 19. 공부의 목적과 태도를 분명히 정하기

 자, 드디어 공부 이야기네. 다 아는 거니까 짧게 할게. 사실 공부에 취미가 있는 사람은 열 명 중에 한둘뿐일 거야. 그렇지?

 찬희 : 그렇겠죠. 두세 명은 하기 싫지만 하는 애들, 나머지는 아예 안 하는 애들일 걸요.

 공부 때문에 제일 답답한 건 너희들인데, 공부가 안 되면 이상하게 어른들이 훨씬 더 걱정을 많이 하시지?

 소은 : 부모님들은 공부 못하면 사람 구실 못 한다고 생각하시니까 이해는 하죠.

 그래. 지금도 공부를 안 하면 미래를 열어 가기가 쉽지 않은 것이 사실이지만 부모님 때에는 더 심했거든. 성적이 안 나오면 다른 기회를 찾기가 거의 불가

능한 시대였으니까. 그래도 지금은 대학을 갈 때나 사회에 진출할 때 특기나 자기만의 장점을 많이 알아봐 주는 편이지. 재능을 살려서 도전해 볼 분야도 있는 편이고 말이야.

 예지 : 제가 아는 언니도 대학교 안 가고 벌써 SNS를 활용해서 인터넷 쇼핑몰 사업을 해요.

 워낙 경쟁이 세지긴 했지만 관심 분야의 크리에이터로 자리를 잡는 젊은이들도 꽤 있더구나. 자기가 잘 할 수 있는 것을 빨리 찾으면 그게 나은 길일 수도 있어. 괜히 시간을 낭비할 필요는 없으니까.

그런데 그런 길을 가려면 확신과 자신

감과 결단이 있어야 돼. 공부를 피하기 위해 택하는 길이면 나중에도 늘 공부하는 사람들을 동경하고 열등감에 시달릴 수 있지. 그래서 뒤늦게 공부를 하기도 하지만 이미 사회에서 자신이 처한 환경을 바꾸기란 쉽지 않아.

 소은 : 공부도 다 때가 있다는 어른들 말씀이랑 같네요.

 공부할 여건이 안 되거나 꿈을 펼 수 있었는데 노력하지 않아서 때와 기회를 놓치고 나면 자식들이라도 그렇게 되지 않았으면 하는 마음이 크지. 그제야 부모님 마음도 이해가 가지만 자식이란 억지로 되지 않는 법이니까 안타깝지. 왜냐하면 성적에 따라서 사회적 위치가 결정되는 현실을 잘 알기 때문이야.

우람 : 그건 아마 부모님들이 예전으로 돌아간다고 해도 쉽지 않으실 걸요?

그렇겠지. 그리고 우리가 키워드 "Job"에서 생각해 보았듯이 모두가 공부해서 다 책상에만 앉아 있다면 세상이 돌아가지 않겠지. 다만 공부를 열심히 해 놓으면 자기에게 기회가 왔을 때 당당하게 잡을 수 있기 때문에 어른들은 때를 놓치지 말라고 자꾸 강조하시는 거란다.

 예지 : 저희도 잘 알지만 뜻대로 안 돼서 문제죠, 뭐.

 우람 : 월요일만 되면 정말 학교 가기 싫고 게을러져요. 에휴….

그럼 반대로 생각해 볼까? 매일 휴일이 반복된다면 행복할까? 그러면 그날은 아무 날도 아닌 게 될 텐데? 토요일과 일요일이 달콤한 이유는 빡센(?) 5일이 있었기 때문이야. 선생님 어릴 땐 토요일에도 오전까지 수업을 했어. 하긴 그래도 학원은 안 다녔으니 너희가 더 힘들 거야. 아무튼 현대인 대부분은 월요병에 시달리는데, 한 연구에 의하면 월요병이 마음뿐 아니라 몸에까지 영향을 주는 '전신병'이라고 해.

 찬희 : 가고 싶게 만들어야 한다는 거죠?

 맞아. 너무 괴로우면 적극적으로는 전학을 가거나 검정고시를 할 수도 있지만 학교나 학원에 가서도 최소한의 보람과 즐거움이 있도록 할 수 있다면 좋겠지. 공부에 취미를 붙여 성적 상승의 달콤한 맛을 본다든지, 매일 지식을 알아 가는 즐거움에 기쁨을 느낀다든지, 열심히 공부하는 모습을 보신 부모님과 매일 관계가 개선되어 행복하다든지 그런 건 좀 힘들려나?

 우람 : 무슨 말씀인지는 알겠사오나… 결국 공부네요.

 목적에 충실한 것이 가장 가치 있는 일이라 그렇단다. 학교는 평생의 삶에 영향을 미치는 금쪽같은 시간인데 모두가 즐겁게 다닐 수 없는 것은 참 안타까운 일이야. 그렇지만 너희들이 버티는 것도 참 대견해. 하지만 의미 없이 월화수목금을 때우고 주말은 또 놀고 이런 세월은 청춘에게 너무 아까운 시간이겠지. 월요일이 두려운 이유는 아무것도 해 놓지 않았기 때문 아닐까? 그건 악순환의 반복이야. 아무것도 안 하고 월요일을 기피하고, 또 주말을 기다렸다가 놀기만 하고…. 그런 사람은 휴식이 편안하지 않아.

 소은 : 음… 저도 이제 방법을 찾아봐야겠어요.

 그래. 막상 혼자 쉰다고 해도 하루 이틀이지, 갈 곳도 없잖아. 친구들은 다

학교에 있는데. 학교에 취미를 붙이기가 당장은 어렵더라도 하루에 영단어 20~30개라도 꼭 외운다든지 목표를 세우고 달성하는 그런 즐거움을 가져봐. 아무리 조언을 들어도 결국 답은 너희 안에 있을 거야.

또 공부가 즐거우려면 학교 선생님을 존중해야 해. 우리 선생님이 최고라고 생각해야 내 실력도 늘어나는 거야. 요즘 교권 추락 문제 등으로 선생님들도 많이 힘드시단다. 일부 문제가 있는 교사들도 있겠지만 열심히 하는 선생님이라면 존경과 사랑을 보내야 학교생활도 행복하고 너희들 실력도 늘 거야.

 예지 : 음… 무슨 말씀인지 알겠어요.

 소은 : 네. 그런 동기를 꼭 찾아볼게요.

 공부를 어떻게 해야 할지 모른다는 친구들이 많은데 어떤 면에서는 핑계야. 암기 과목이 싫다면서 아이돌의 생일과 데뷔일과 취향까지 줄줄 꿰는 친구들도 있고, 이해력이 떨어진다면서 어른들은 아무리 봐도 모를 게임 전략이나 무기들에 대해서는 머리가 획획 돌아가지.

물론 공부는 그렇게 재미있기가 힘들지만, 작은 성취감들이 쌓인다면 스스로도 대견하고 힘을 얻을 거야. 투자한 만큼의 열매를 거둘 수 있도록 집중력을 발휘해야 해. 그게 안 되면 몸만 지칠 수 있단다. 공부는 엄친아들의 전유물이 아니야. 꼭 자신과의 싸움에서 승리하기를 바란다.

공부, 일단 시작하면서 생각해 보자

청소년들이 알아 두어야 할 것은, 공부는 학교에 다닐 때만 하는 것은 아니라는 사실입니다. 우리나라의 풍토는 공부가 입시 위주로만 생각하는 경향이 있어서 공부의 즐거움을 누리기가 어렵고, 졸업 후에는 지긋지긋해서 내팽개치듯 한다는 것이지요. 사실 대학에 가거나 취업을 하면 고등학교 때의 지식은 거의 필요가 없는 것처럼 느껴질 때도 있을 텐데요. 하지만 구구단을 평생 써 먹듯이 기초 학력은 몸의 근육처럼 중요한 역할을 한다는 것을 두고두고 느낄 수 있을 것입니다.

청소년 여러분은 지금 하는 공부가 어떻게 쓰일지 몰라 막막할 수 있지만 다 많고 적게 도움이 되고, 공부하는 방법을 체득하면 평생 지식인으로 최소한의 역할을 하면서 배우는 즐거움을 누리는 삶을 살 수 있다는 것을 알아야겠습니다.

우리는 살면서 계속 공부하지 않으면 안 됩니다. 평소에도 늘 하나님의 말씀을 묵상하면서 공부해야 하지요. 그리고 어디에서 어떤 일을 하든지 요령을 숙지하기 위해 공부를 해야 하고, 나중에 사랑하는 자녀들을 잘 가르치기 위해서도 공부를 해야 합니다. 빨리 벗어나고 싶겠지만 공부할 여건이 되는 시기가 가장 행복한 때입니다. 어른들의 세계로 가면 멈추지 않고 달려야 할 테니까요.

대학교는 꼭 가야 하는 곳은 아니지만 가지 않을 경우, 많은 경험의 기회를 놓칠 수 있고, 좋은 스승과 친구들과 함께하는 학문 탐구의 기회를 저버리는 것입니다. 물론 대학에 가지 않은 친구들이 미리 얻게 되는 사회적 경험과 노하우는 포기해야 합니다. 서로 장단점이 있으니 본인이 심사숙고해서 부모님과 의논하는 것이 좋겠습니다. 가지 않은 길은 늘 후회로 남기 마련인데, 어떤 길이 꼭 가야 할 길인지 공부하면서 생각해 볼 필요가 있습니다.

사회에 나가 보면 많은 차별과 부당함이 학력 때문에 발생하는데, 함께 바로잡아야 할 편견이지만 현실은 만만치 않습니다. 또한 4년이든 2년이든 돈과 시간과 노력을 투자한 사람들을 어느 정도 대우하는 것은 공평한 일이기도 합니다. 다행히 요즘은 학력의 틀이 많이 깨지고 능력과 전문성을 중시하는 분위기가 늘어나고 있습니다.

어느 쪽으로 가든지 지금 청소년들은 공부를 열심히 하면서 생각하는 것이 좋겠지요. 어른들은 늘 '기-승-전-공부'라고 한다며 불평만 하지 말고, 아직까지 열심히 해야겠다는 생각만 해 온 청소년이라면 지금 바로 공부(Study)를 시작(Start)해 보는 게 어떨까요?

> 트라우마

Trauma

안 좋은 기억들은 깨끗이 지우고 당당하게 살고 싶어요.

Part 20. 불안과 공포를 벗고 자유롭게 살기

 아무 일이 없어도 불안과 공포를 느끼는 것이 사람이야. 온갖 사고와 위험이 언제든지 닥칠 수 있고 질병과 우환도 언제 다가올지 모르니까…. 보통 사람도 이런데 무언가 잘못을 저질렀거나 스스로도 용서하기 힘든 실수를 했다면 불안과 공포에서 벗어나기 힘들 거야. 이번에는 트라우마, 즉 '외상 후 스트레스'라고 불리는 것에 대해 생각해 보자.

 예지 : 제 교회 친구 하나가 이 문제로 무척 괴로워하고 있어요.

 뭔가 안 좋은 일을 겪은 모양이네. 괜찮아. 그런 친구도 아무도 뭐라고 할 사람이 없어. 그럴수록 어깨를 펴야지. 구원받은 친구라면 하나님의 자녀인데, 두려워 할 거 없다. 죽어도 하나님이 책임져 주시는데 뭐. 최악의 상황에도 우리는 안전하다는 걸 기억하면 담대할 수 있어.

예지 : 걔는 자나깨나 걱정뿐이에요. 자기 일을 남이 알게 될까, 부모님이 아실까 그런 거요. 그 친구가 실수한 부분도 있고, 다른 친구들의 시기와 괴롭힘도 있거든요.

 너희들, 그런 친구의 소문 같은 걸 들으면 자꾸 알려고 하지 말고, 말하고 다니는 친구들에게도 그러지 않도록 권면해야 돼. 늘 사람은 입장을 바꿔서 생각할 줄 알아야지. 그런 친구들은 불안하기 때문에 당연히 걱정 속에서 살 수밖에 없어. 앞일에 대해서 늘 예상보다 훨씬 가혹한 상황을 그려 보면서 걱정에 걱정을 더하는 거야.

 소은 : 요즘은 누구라도 살다가 원수 같은 사람이 생길 수도 있고, 왕따나 신상 털기, 헛소문의 피해자가 될 수 있는 것 같아요.

 요즘은 이상한 사람도 점점 많아지니 조심해야지. 물론 걱정을 사서 할 필요는 없어. 확률상 일어나기 힘든 걱정까지 미리 당겨서 할 필요는 없는데, 트라우마가 있으면 멈출 수가 없을 거야. 하지만 예방할 수 있는 일은 당연히 해야 하지만 어쩔 수 없는 일까지 발을 동동 구를 필요는 없어. 어떤 일이 진짜 생기면 그때 가서 해결하는 수밖에 없단다. 걱정해서 그 문제를 해결할 수만 있다면 얼마든지 해야겠지만 그럴 수 없다고 예수님은 말씀하신단다.

너희 중에 누가 염려함으로 자기 키에 일 큐빗을 더할 수 있겠느냐? (마태복음 6:27)

1큐빗은 약 45~50cm니까 절대 불가능하다는 거야. 걱정은 자기가 바꿀 수 없는 것들이 대부분이지.

우람 : 최악의 상상을 하는 건, 현실은 아직 그렇지 않다는 것을 위안으로 삼는 것 아닐까요?

 그런 면이 있지. 진짜 위험에 처하면 걱정할 틈도 없으니까. 그런데 우리에게 그런 불안과 걱정이 오는 이유는 대개 자기 실수 때문인 경우가 많아. 트라우마는 갑작스러운 교통사고처럼 우연한 일이 원인일 때도 있지만, 잠깐의 실수로 인해 스스로 벌인 일이 우리의 죄의식을 자극해 계속 뻔뻔한 악인이라고 우리 자신을 의기소침하게 만드는 경우도 적지 않단다. 이런 이유로 찾아온 스트레스는 하나님 앞에 철저히 회개하라는 신호로 받아들이면 돼. 하나님은 우리가 죄를 자백하고 회개할 때 받아 주시고 다시 기억하지 않으시는 분이란다.

만일 우리에게 죄가 없다고 우리가 말하면 우리가 우리 자신을 속이며 또 진리가 우리 속에 있지 아니하니라. 만일 우리가 우리의 죄들을 자백하면 그분께서는 신실하시고 의로우사 우리의 죄들을 용서하시며 모든 불의에서 우리를 깨끗하게 하시느니라. (요한일서 1:8~9)

 예지 : 그런데 그 친구는 그런 말씀도 잘 못 믿는 것 같아요.

 그건 마귀가 주는 마음이야. 마귀는 '고소하는 자'란다. 우리가 이미 용서받은 의인인데 자꾸만 하나님께 자격 없는 자들이라고 일러바치는 존재야. 그리고 우리 마음에 속삭이지. "네 모습을 봐. 너 같은 사람을 하나님이 좋아하실까?" 이렇게 말하면서 우리가 한 발자국도 앞으로 나아가지 못하고 과거에 머물도록 하는 거야. 그걸 용납해선 안 돼. 죄를 끌어안고 있는 것은 양심이 살아 있는 게 아니고, 하나님의 사랑을 과소평가하는 일이야. 넘어진 과거보다 다시 용서받고 일어선 지금에 집중해야 돼.

트라우마나 공포는 일종의 신경증인데, 평소 공포 영화를 즐기거나 잔인한 동영상

을 보거나 하면 그 증상이 심해져. 보통 사람들도 그런 자극은 피하는 것이 좋아. 항상 좋은 것을 봐야 마음에 이로운 것은 당연한 거니까. 공포물, 호러물, 범죄 스릴러, 액션을 빙자한 폭력물, 편집하지 않은 사고 동영상 같은 것은 본성을 건드려 일시적인 신경 물질 분비로 강제적 쾌감을 유도하는 도구란다.

 찬희 : 싫으면서도 볼 때가 있어요. 사람의 심리란 이상한 것 같아요.

 2015년경 파리에서 테러가 벌어졌을 때, 현지에서는 며칠 동안 폭죽 소리에도 놀라 대피하는 사람들의 모습이 뉴스에 나왔고, 총소리를 들었다는 신고도 잇따랐어. 알고 보니 그중 대부분, 아니 모두는 환청이거나 다른 소리를 오인한 것으로 드러났거든. 이것은 사람들이 트라우마 때문에 현실을 인지하는 능력이 떨어지고, 다가오지 않은 것까지 미리 염려한다는 사실을 드러내는 거야. 그런 일로 막연한 공포를 느낄 때는 반대로 생각해 보면 도움이 돼. 당장 망치로 바닥을 때려도 건물을 무너뜨릴 수 없는데 괜히 멀쩡한 건물에서 두려워 할 필요는 없었다는 거지. 위험의 확률을 역으로 계산해 보면 의외로 쓸데없는 걱정을 많이 한다는 것을 알 수 있단다.

예지 : 친구한테 안심하라고 말해 줘야겠어요. 먼저 하나님을 신뢰하는 게 중요하겠죠.

 당장 어떤 일이 일어난다고 해도 내가 예측하고 준비할 것은 없어. 그래서 예수님은 "내일을 염려하지 말라. 내일이 자기 것들을 염려할 것이요"라고 하셨단다(마태복음 6:34). 재미있는 말씀이지? 근거 없는 헛된 자신감은 위험하지만, 신실하시고 전능하신 아버지 하나님을 믿는다면 궁극적으로 우리가 승리자라는 것을 알고, 죽더라도 하나님 안에서 더 좋은 것을 얻는다는 사실을 알아야 해. 모두가 나를 버려도 하나님은 내 편이라는 것을 말이야.

누가 우리를 그리스도의 사랑에서 떼어 놓으리요? 환난이나 곤경이나 핍박이나 기근이나 벌거벗음이나 위험이나 칼이랴? (로마서 8:35)

그렇게 먼저 자신의 실수나 과거의 아픔을 털어놓고 하나님과의 관계를 잘 정리하면 이웃들과도 정리가 되고, 아무도 바른길을 가려는 나를 훼방하지 못해.

 소은 : 오, 역시 성경 말씀은 평안과 힘을 주는 것 같아요!

 사는 동안 고통과 아픔은 모든 사람의 몫이야. 그것은 하나님의 법을 멀리 할수록 더 커진단다. 또 어려움을 맞을 수 있는 것이 사람이지만 용기를 내고, 또 바른길을 걷도록 애써야 해. 공포와의 사정거리는 결국 내가 하나님의 권능이라는 안전지대에서 얼마나 벗어나 있는지가 결정하는 것이란다.

너희에게 이 일들을 말한 것은 너희가 내 안에서 평안을 누리게 하려 함이니라. 세상에서는 너희가 환난을 당할 터이나 기운을 내라. 내가 세상을 이기었노라. 하시니라. (요한복음 16:33)

> 좀더알아볼까?

하나님이 계신 방향은 어느 쪽일까?

사람의 공포와 불안은 과거의 직간접적 경험에서 비롯됩니다. 어릴 때의 충격은 더욱 선명해서 머리에 각인이 되어 평생 그 사람을 괴롭힙니다. 자존감을 찾고 어른이 되어 극복하는 경우가 있지만 그렇게 되기까지 수십 년이 걸리고, 끝내 극복하지 못하여 나쁜 선택을 하는 사람도 있습니다.

사람과의 관계 속에서 벌어지는 상처에는 자신의 동의나 실수가 개입되어 있거나 죄의식이 포함되어 있기 때문에 자책감과 수치심을 가지고 살아가게 되기도 하는데요. 피해를 입힌 사람들은 뻔뻔하게 잘 사는데 오히려 피해를 입은 사람들이 더 그런 상처에서 벗어나지 못하는 일도 많습니다. 학교에서의 왕따나 따돌림, 폭력, 또 가정불화 등 그 원인은 셀 수 없이 많습니다.

청소년들은 많은 사건과 사고 속에 살지만 부모들은 아이들의 아픔이나 열악한 환경을 잘 모릅니다. 내 자녀는 괜찮고, 그렇게 행동할 리 없다고 믿고 있지만 아이들은 서로서로에게 피해자와 가해자로 살아갑니다. 우리가 이런 일을 예방해야 하는 이유는 트라우마가 피해자뿐 아니라 철없던 시절의 가해자와 방관자에게도 남기 때문입니다.

자신에게 트라우마가 남았다면 다음과 같은 순서로 정리해 보세요. ① 내 잘못이 아닌 타인에게 받은 상처는 용서하도록 애쓰고 잊어버린다. 그 사람은 이미 기억도 못하고 잊었을 수 있다. 인과응보의 대가를 치를 테니 내가 응징할 필요가 없다. ② 내가 실수하고 가담한 일에 대해서는 철저히 회개하고 재발되지 않도록 애쓰며 산다. 그러면 신뢰를 얻을 수 있고, 나에 대한 소문은 잊힐 것이다. 타인에게 피해를 준 일은 갚든지 늘 미안함을 간직하되, 하나님 앞에서는 새로운 사람으로서 자신감을 갖는다. ③ 원치 않는 사고로 인한 트라우마는 더 조심하되 평안히 살아온 시간이 훨씬 많음을 알고 불필요한 걱정을 버리도록 노력한다. 혹 그런 일이 또 생겨도 그때 가서 해결하기로 한다.

이 모든 것은 다 지나가는 것이며, 깜빡할 사이에 우리 인생도 지나고 눈물도 끝날 것입니다.

또 하나님께서 그들의 눈에서 모든 눈물을 씻어 주시리라. 다시는 사망이 없고 슬픔도 울부짖음도 없으며 또 아픔도 다시는 없으리니 이는 이전 것들이 지나갔기 때문이라. 하더라. (요한계시록 21:4)

자, 이제 트라우마(Trauma)로 괴로울 때는 "이 또한 지나가리라(This, too, shall pass away)!!"를 외치며 하나님께 의지해 보세요!

Ugly 못생김

못생긴 외모 때문에 속상해요.
멋있고 예뻐지고 싶어요.

Part 21. 외모에 대한 기준과 생각 정리하기

 너희들 나이에는 외모에 대한 관심도 많고, 걱정도 참 많지?

 소은 : 그럼요~ 이번 주제는 안 들어도 알 것 같아요.

 우람 : 외모를 따지는 것은 좋지 않은 생각이다. 남과 비교 말고 감사하고 살아라.

 찬희 : 옷차림은 늘 단정하게~.

 예지 : 학생답게, 청소년답게~.

 아주 잘 알고 있네~. 결론은 너희가 더 잘 알고 있는 것 같으니까 됐고….

소은 : 아, 진짜요??? 이대로 그냥 살아야 된다고요??

 선생님은 어쩔 수 없어. 너희가 듣기 좋은 말을 하려고 하나님을 무시한 채 말씀을 왜곡할 순 없잖아? 너희가 말한 내용들에 대해 왜 그래야 하는지 이유를 설명해 볼게. 선생님도 너희들 고민을 잘 알고, 요즘은 초등학생 때부터 화장을 하는 친구들이 있다는 것도 잘 알아. 어른들 때처럼 살라거나 조선 시대로 돌아가라는 건 아니야.

 우람 : 뭐 저희도 자나 깨나 외모만 바라보면서 생각 없이 살겠다는 건 아니에요….

 소은 : 난 자나 깨나 외모 생각인데?

 자자, 싸우지 말고~. 일단 우리는 외모에 신경을 쓸 수밖에 없는 건 맞아. 아무리 장점이 많은 사람도 맘에 안 드는 한 가지 때문에 고민하는 게 인지상정이지. 키가 작다, 피부가 어둡다, 턱이 각지다, 쌍꺼풀이 없다, 너무 말랐다, 얼굴이 크다, 상체가 길다, 비율이 안 좋다 등등…. 그런 신체적 특징에 따라 별명도 생기고 놀림감이 되니까 당연히 싫을 거야.

 소은 : 외모를 가지고 별명을 만들어서 마구 부르거나 놀리는 건 정말 나빠요.

 유머나 코미디도 그런 게 많지. 쉽게 웃길 수 있기 때문인데, 좋지 않은 방법이야.

그래도 사람들의 의식 수준이 높아지면서 과거보다는 많이 나아지고 있단다. 그런 지적은 하는 사람의 잘못이니까 무시해도 돼.

그리고 외모에 대한 고민들을 해결할 수 있다면 조금이나마 단점을 보완하는 건 좋겠지. 다만 도를 지나치진 말자는 거야. 너무 남들 신경 안 쓰고 다니는 사람도 문제지만 과하게 꾸민 사람도 눈살을 찌푸리게 하는 거 알지? 어떤 것이 적당한 건지 생각해 보자는 거야.

 예지 : 그건 맞아요. 그래서 옷도 화장도 꾸안꾸, 꾸민 듯 안 꾸민 듯한 게 더 세련되죠.

 소은 : 옷이 야해지면 성폭력 위험이 있다는 건 어떻게 생각하세요?

 여성 인권에 대해 민감한 사람들은 옷이 유혹을 부르고 성범죄율을 높인다고 주장하는 것에 알레르기를 일으키기도 해. 실제로 피해자가 대체로 선정적인 옷을 입고 있었다는 통계는 없단다. 또한 가해 남성들의 성범죄에 여자들이 원인 제공을 했다고 주장하는 것은 옳지 않지. 다만 여자들은 남자들이 시각에 민감한 것까지 부인해선 안 돼. 오죽하면 예수님도 남자들에게, 너희가 여자를 보고 음욕만 품어도 이미 간음하는 거라고 하셨을까?

 찬희 : 답답해요. 여자들은 남자를 잘 모르는 것 같아요.

 여자들은 남자의 심리를 잘 모르니까 왜 옷 입는 걸

참견하느냐, 왜 쳐다보느냐 하면서 짐승 취급을 하는데, 안 보고 싶어도 눈길이 간다니까. 그리고 남자들도 착각하는 게 있는데, 여자들이 짧은 치마를 입거나 화장을 짙게 하면 "눈길 끌려고 그렇게 입었으면서 보면 본다고 난리야!" 이렇게 생각하거든. 하지만 여자는 반드시 눈길을 끌기 위해서만 옷을 입고 화장을 하는 게 아니야. 여자들은 자기만족을 위해서도 치장을 한단다.

 예지 : 맞아요. 남들이 옷 예쁘다, 화장 잘됐다 해도 내 맘에 안 들면 소용없어요.

 거 봐. 남녀는 이렇게 다른 거야. 그런데 우리나라가 다른 나라에 비해서 외모를 과도하게 중시하는 것은 사실이야. 성형외과도 엄청 많잖아.

 우람 : 성형에 대해서는 어떻게 받아들여야 해요? 요즘은 방학 때도 그렇고, 고등학교 졸업하면 필수 코스로 한다던데요?

 필수라고 하면 좀 과장이지만 과거에 비하면 많은 청소년들이 얼굴에 손을 대는 것이 사실이지. 세상이 워낙 외모를 따지다 보니 어쩔 수 없이 보조를 맞추기 위해 성형을 고려하는 것은 이해해. 특정 직업은 아예 성형 없이는 진입조차 어렵기도 하니까 말이야. 그래도 단지 미용만을 위한 목적이라면 크리스천으로서 권장하기는 어려워. 성경에서 하나님은 여러 번 외모를 중시하지 않으신다고 했지.

이는 하나님께서 사람들의 외모를 중시하지 아니하시기 때문이라.
(로마서 2:11)

외모란 생김새는 물론이고, 학벌이나 지식이나 재산 같은 것을 다 포함하는 건데, 만일 하나님이 사람의 외모를 보시고 구원을 주시거나 은혜를 베푸신다면 우리는 어떻게 됐겠니? 생각만 해도 끔찍하지? 참으로 공의로우신 하나님은 그분의 성품을 따라 우리를 창조하셨는데, 그분을 닮아야 할 우리는 너무 사람의 겉모양만 보는 것 같지 않니?

우람 : 흐… 좀 찔리는데요.

내 형제들아, 영광의 주 곧 우리 주 예수 그리스도의 믿음을 가지고서 사람들의 외모를 중시하지 말라. (야고보서 2:1)

이런 말씀은 성형외과가 생기기 오래전 말씀이라 우리와 상관이 없는 것일까? 성형을 택하는 친구들이나 의사를 비난하는 게 아니야. 우리 사회가 얼마나 못난 외모를 따지고, 놀리고, 잘난 외모를 바라고, 대접하고, 또 무언으로 강요하는지 생각해 봐. 거의 외모를 숭배하는 사회 아니니? 우리가 잊고 있는 것은, 하나님은 마음의 중심을 보시는 분이야. 우리도 그럴 수 있도록 애써야 해.

찬희 : 근데 저만의 생각인지 몰라도 성형으로 나아지는 경우도 있지만 어색하고 오히려 이상해지는 사람들도 많은 것 같아서 진심으로 안타까워요.

그래. 성형 실패를 비관해 나쁜 선택을 하는 사람까지 있고, 한두 번에 만족을 못해서 계속 손을 대다가 회복이 힘들 정도의 부작용을 겪는 사람도 있지. 수술 중 사고도 빈번하고… 그러니까 화상 흉터와 같은 심각한 장애를 개선하기 위한 성형이나 간단한 미용 성형 외에는 자제해야 돼. 장기적인 부작용도 많단다. 비만을 치료하기 위한 것도 필요할 때가 있지만 다이어트 역시 가능하면 수술이나 약물에 의존하지 않는 것이 좋겠지. 이런 말들이 사실 현실적으로는 무척 힘든 이야기가 됐을 정도로 지금 사회 분위기는, 인간이 하나님이 처음 주신 외모를 마음대로 바꾸고 다른 사람이 될 수 있다는 쪽으로 기울었어. 물론 그들은 하나님이 창조하셨다고도 생각하지 않겠지만 크리스천들까지 이런 세상 풍조에 휩쓸리는 일은 지양해야겠지.

소은 : 하긴, 지나친 성형은 완성이나 만족이 없고, 신기루를 좇는 것 같아요.

멈출 수 있다면 그나마 다행이지만 성형을 하는 심리가 일난 자신이 받은 원래 모습을 인정하지 않는 것이니까 마음에 안 드는 부분이 남아 있

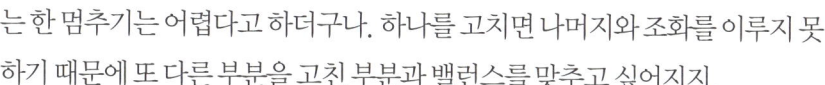

는 한 멈추기는 어렵다고 하더구나. 하나를 고치면 나머지와 조화를 이루지 못하기 때문에 또 다른 부분을 고친 부분과 밸런스를 맞추고 싶어지지.

예지 : 하나를 얻으면 하나를 잃는 건 맞아요.

위조 학력이나 논문 표절로 높은 자리에서 물러나고 사회의 지탄을 받는 유명인들이 있지. 그런 것은 욕하면서 왜 외모를 거의 다 뜯어고치고 미인 대회에서 상을 타거나 연예인으로 나서면 아무렇지도 않은 거지? 그것도 페어플레이가 아니기는 마찬가지인데 말이야. 고치고 싶어도 돈이 없어서 못 고치고, 심

지어 흉터나 장애로 극심한 고통을 받으면서도 그냥 살아가는 사람들이 있는데, 오직 미용만으로 그런 큰돈을 쓰고 부와 명예까지 누린다면, 아무리 자기 자유라고는 해도 쓸쓸함은 남는 게 아닐까….

 찬희 : 그러고 보니 형평에 안 맞는 부분도 있네요. 돈이면 다인 것 같기도 하고요.

 이미 우리 사회의 큰 물줄기는 막을 수 없다 해도 크리스천이 그 물결에 휩쓸려선 안 돼. 사람의 진짜 아름다움은 다 겉으로 드러나는 거야. 좀 못생긴 사람이 추한 것이 아니라 내면이 추한 사람이 정말 못난 사람이지. 지금은 한국인의 위상이 무척 높지만 예전엔 '어글리 코리안'(ugly Korean)이라는 말이 있었어. 외국에서 꼴불견으로 행동하는 한국인을 말하는 건데, 그들이 못생겨서 그런 말을 들었던 게 아니야. 하는 행동에 품위가 없고 못났다는 뜻이지. 아무리 잘생겨도 이런 말을 들으면 무슨 소용이 있을까? 외모에 관심을 끄란 이야기가 아니야. 너희는 가장 예쁘고 생생한 시기니까 얼마든지 멋지고 예뻐져도 좋아. 다만 우리가 하나님의 귀한 창조물이라는 것, 외모에 대한 집착은 끝이 없다는 것, 마음부터 예쁘고 멋진 사람이 되라는 것을 꼭 기억했으면 좋겠다는 거야.

 소은 : 에고, 고민 해결이 아니라 고민을 얹어 주시네요.

 그랬니? 하하, 소은이한테 미안하구나. 하지만 꼭 필요한 고민이니 너희들 모두 이번 기회에 외모에 대해 깊이 생각해 보기를 바란다.

> 좀더알아볼까?

외모를 보지 않으시는 변함없는 주님의 사랑

   청소년들의 또 다른 고민인 패션, 옷에 대해서도 생각해 보아야 합니다. 에덴동산에서 지은 죄는 자신들의 부끄러움을 알게 했고, 아담과 이브는 무화과나무 잎으로 앞치마를 만들어서 겨우 부끄러움을 가렸습니다. 하나님은 그들을 동산에서 내보내시면서 가죽옷을 지어 입히십니다. 그것이 옷의 시초입니다. 그래서 옷은 짐승의 희생이 있어야만 입을 수 있는 것이었고, 그 희생으로 부끄러움을 가리는 것입니다.

   하나님은 인간이 짐승의 피가 없이는 그때그때 짓는 죄를 씻을 수 없다는 것을 보여 주셨습니다. 그리고 짐승의 피로 잠깐씩 가리던 죄를 완전히 씻는 것은 동물이 아닌 사람, 죄가 없는 완전한 사람의 피만이 가능하기 때문에 (그런 사람은 없으므로) 하나님이 직접 사람이 되어 이 땅에 오셔서 죄를 제거해 주셨습니다.

   옷에는 이런 비밀이 있습니다. 그러므로 너무 많은 노출을 하는 것은 부끄러움을 모르는 일이며 죄에 둔감해지는 것입니다. 평생 입어야 할 옷은 자기 자신과 같은 것입니다. 심지어 우리는 죽어서도 영화로운 옷을 입게 됩니다. 옷은 우리의 마음을 나타냅니다. 남녀를 잘 구분하고 때에 맞는 옷을 잘 챙겨 입을 때 진정한 아름다움이 드러난다는 것을 꼭 기억하세요.

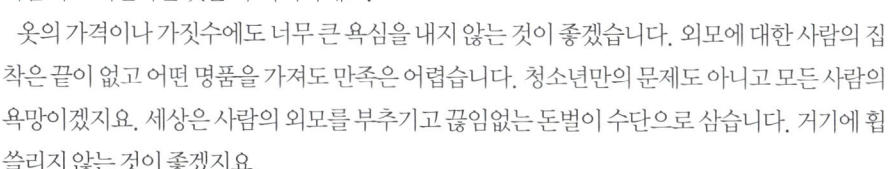

   옷의 가격이나 가짓수에도 너무 큰 욕심을 내지 않는 것이 좋겠습니다. 외모에 대한 사람의 집착은 끝이 없고 어떤 명품을 가져도 만족은 어렵습니다. 청소년만의 문제도 아니고 모든 사람의 욕망이겠지요. 세상은 사람의 외모를 부추기고 끊임없는 돈벌이 수단으로 삼습니다. 거기에 휩쓸리지 않는 것이 좋겠지요.

   인간의 범죄로 세상에 죄가 들어온 이후 자연도 서서히 망가지고, 인간의 거의 완벽했을 외모도 점차 흐트러졌습니다. 죄의 결과는 모든 것을 뒤틀리게 만들었지만, 그래도 우리는 여전히 하나님의 형상과 성품을 지니고 있습니다. 그리고 이 세상이 다 끝나면 우리의 부족한 외형은 다 아름답게 회복될 것입니다. 개성을 그대로 유지한 채로 말이지요.

   아직은 우리가 이렇게 부족한 모습이지만 하나님은 창조물인 여러분을 모두 예쁘고 사랑스럽게 보십니다. 부모님들의 고슴도치 같은 사랑의 시선으로 말이지요. 외모 때문에 고민이 될 때는 내 못생긴(Ugly) 모습과 상관없이 늘 변치 않는(Unchanged) 하나님의 사랑스러운 눈길을 기억하세요~.

Violence

> 폭력

폭력은 정말 싫어요.
피하려면 어떻게 해야 할까요?

Part 22. 갖가지 물리적 위협으로부터 자신을 보호하기

 세상에는 야만적이고 비인간적인 폭력이 난무하지. 우리는 전쟁이나 범죄, 무력 등 보이는 폭력과 보이지 않는 폭력의 위험 속에서 살고 있어. 이성보다 힘이 앞서는 이유는 인격적인 방법보다는 손쉽기 때문이겠지.

 예지 : 힘으로 남을 괴롭히는 사람들, 정말 싫어요.

 소은 : 진짜 제일 못난 사람들이에요.

 갑작스러운 사고로 폭력에 노출되기도 하지만 주변 사람들로부터 당하는 폭력도 여러 종류야. 집에서 일어나는 가정 폭력, 이제는 거의 없어졌지만 일부 선생님의 폭력, 학교 선배나 친구한테 당하는 학교 폭력, 이성 친구로부터 당하는 데이트 폭력, 끔찍한 성폭력 등등… 그리고 물리적인 것만 폭력이 아니라

는 것도 꼭 기억해야 해. 은근한 괴롭힘이나 따돌림은 물론 비하하는 말이나 욕설을 포함한 언어 폭력 같은 것도 무서운 폭력이야.

 찬희 : 가정 폭력은 대개 술이 문제인 것 같더라고요. 제 친구 아버지도 평소에는 진짜 좋으신데 술 드시면 폭력이 나온대요.

 그게 다 스트레스 때문일 텐데, 자기가 잘 해결하지 못한 분노를 외부 사람들에게는 차마 풀지 못하고 만만한 가족에게 푸는 경우가 있어. 가장으로서 힘든 일이 많은 것은 이해할 수 있어도 가족에게 그러는 것은 결코 용납할 수 없고 용납해서도 안 되겠지.

 우람 : 그럼 어떡해요? 아버지를 버리고 다른 데 가서 살 수도 없잖아요.

 심각하면 조치를 해야겠지만 그게 쉬운 일은 아니야. 그래서 대화로 해결하는 수밖에 없지만 말로 해서 될 것 같으면 고민도 아니겠지. 일단 폭력을 피하려면, 아빠가 화났을 때 그 자리를 피하는 것도 방법이야. 대화 중에 나가면 버릇없다고 하실 수 있으니까 지혜롭게 해야겠지. 물론 매번 회피만 하라는 건 아니고, 서로 시간을 두고 화가 가라앉아 평정심을 찾은 뒤에 다시 대화를 시도하라는 거야.

 찬희 : 사실 저희의 가장 큰 문제는 학교 폭력이죠. 힘없는 친구를 괴롭히고 인간 취급하지 않아도 꼼짝할 수 없는 게 다 힘 때문이거든요.

그래. 어른들의 사회가 이미 그렇단다. 한 가지 다른 것은 그 '힘'이 어른들에게는 '돈'으로 바뀌는 것뿐이지. 나쁜 친구가 괴롭히고, 누구한테 말하면 가만 안 두겠다고 협박하면 차마 어디에 사실을 말할 수 없을 거야. 차라리 자기 혼자 당하고 말지, 가족들에게까지 피해가 가는 것은 더 싫을 테니까.

우람 : 정말 화가 나요. 폭력을 쓰는 애들은 잡아서 어떻게 좀 해야 되는 거 아닌가요?

물론이야. 타인을 괴롭힌 죄로 그에 맞는 벌을 받아야지. 그래서 괴로워도 잘못된 선택을 하지 말고 끝까지 버텨야 돼. 안 그러면 정말 그 일은 묻혀 버리고 또 다른 피해자가 나오겠지. 힘든 일이지만 주위에 도움을 청하고, 환경을 바꿔야 돼. 하지만 쉬운 일은 아니라서 영화와 드라마에는 여러 가지 복수극이 나오는데, 그중 학교 폭력을 다룬 이야기가 가장 많지. 하지만 악을 악으로 갚아서는 안 돼. 그런 아이들도 자신들의 상처를 다른 사람한테 푸는 것이기 때문에 자기들의 잘못에 무감각한 친구들도 많고, 자기보다 힘센 아이가 시켜서 그러는 것일 수도 있어. 자신들이 한 행동에 책임은 지게 하되 용서하고 잊을 수 있어야 피해를 본 사람에게도 유익한 거야. 우리는 어려워도 예수님 말씀을 실천하는 사람이 되어야 하는데, 잘 아는 말씀이 있지?

그들이 말한바, 눈은 눈으로, 이는 이로 갚으라, 한 것을 너희가 들었으나 나는 너희에게 이르노니, 너희는 악에게 맞서지 말라. 누구든지 네 오른 뺨을 치거든 그에게 다른 뺨도 돌려대며 (마태복음 5:38)

이것은 구약의 율법과는 달라진 예수님의 방법이야. 이제는 율법 시대가 끝나기 때문에 원수를 응징하는 것이 아니라 용서하고, 죄를 미워하되 오히려 좋은 것으로 되돌려 줄 수 있는 사랑을 강조하셨어. 그렇다고 진짜 더 때리게 두라는 게 아니라, 할 수만 있다면 예수님이 우리를 용서하신 것처럼 용서하고 다시 기회를 주라는 거야.

 예지 : 과연 그럴 수 있을까요? 저 같으면 못할 것 같아요.

 쉬운 일은 아니야. 우리가 성령님으로 충만할 때만 가능한 일이니까. 아무튼 극심한 왕따나 폭력, 간접적 폭력 등은 반드시 멈춰야 해. 사람을 괴롭히는 친구들은 당장 그런 일을 그만둬야 해. 그리고 알면서 방관하면 모두가 똑같은 사람인 거야. 너희들은 방관하지 말고 반드시 친구를 돕고 옳은 일을 해야 한단다.

 찬희 : 그게 간단하지는 않죠…. 그리고 다들 당할 만한 아이라고 생각하기도 하고요.

 폭력을 당할 만한 사람이라니, 피해를 당하는 아이가 어떤 성품이든 그 친구를 때릴 자격은 아무에게도 없는 거야. 가해자들이 피해자를 협박하는 이유가 뭘까? 법적 처벌이 두려운 건데, 자기 자신도 폭력이 나쁘다는 걸 안다는 뜻이겠지.

남을 때리는 녀석들은 힘은 있을지 몰라도 겁쟁이거든. 다른 재주는 없으니 주먹을 휘두르는 거지. 그런 일을 본다면 겁먹지 말고 용기 있게 사실을 알리되 지혜롭게 해야 돼. 그게 가해자와 피해자 모두를 돕는 거란다.

나쁜 사례가 알려져서 그렇지, 좋은 분위기의 가족적인 학교도 많아. 학교의 교장 선생님부터 모든 분이 더 관심을 가지고 상처받는 아이들이 없도록 애써 주시면 좋겠구나. 각 가정에서도 자녀가 학교에서 어떻게 지내는지 알 필요가 있고 말이지.

예지 : 정말 아무것도 할 수 없다면 어떻게 하죠?

그때는 하나님께 기도하고 의지해야 돼. 하나님은 폭력을 싫어하시는 분이야. 예레미야를 통해 유다 왕에게 하신 말씀이란다.

> 주가 이같이 말하노라. 너희는 판단의 공의와 의를 집행하고 학대하는 자의 손에서 노략 당한 자를 건지며 나그네와 아버지 없는 자와 과부에게 부당하게 행하거나 폭력을 행사하지 말고 이곳에서 무죄한 피를 흘리지 말라. (예레미야 22:3)

폭력으로 일어선 자는 반드시 자기 올무에서 망한단다. 예수님이 잡히시기 전에 제자인 베드로가 예수님을 잡으러 온 대제사장의 종 말고의 귀를 자르는 사건이 벌어지자 예수님은 말씀하셨어.

> 이에 예수님께서 그에게 이르시되, 네 칼을 도로 칼집에 꽂으라. 칼을 잡는 자들은 다 칼로 망하리라. (마태복음 26:52)

그러면서 비록 적이지만 그 종의 귀를 치료해 주셨단다. 폭력을 쓰는 자는 그걸로 망할 거야. 그러니까 복수와 응징보다는 용서하고, 분노와 억울함에 오래 낙담해선 안 돼. 끝으로 언어폭력에 대해서도 알아보자. 너희들 주변을 보면 정말 욕을 많이 하지? 비속어도 그렇고.

찬희 : 네… 그야 그렇죠. 한 문장에 욕이 절반인 아이들도 있고요.

그래. 그런 말에 큰 의미가 있다고는 생각하지 않겠지만, 그 욕들의 원래 의미는 무척 악한 뜻이라는 걸 알아야 해. 그리고 대부분 성적인 의미와 패륜, 짐승 취급 등 인간이 처할 수 있는 최악의 상황에 빠지도록 저주하는 내용에서 파생된 것이 대부분이야. 그러니까 욕이지, 좋은 말이 욕이겠니? 그런 말은 자신을 위해서도 줄이는 것이 좋아. 비속어 없이 대화할 수 없다는 생각도 버리면 좋겠지. 외모 활용 코미디와 마찬가지로 그런 말을 써야 남을 웃기고 주목을 끌 수 있다는 생각도 버려야 해.

우람 : 그건 그래요. 진짜 실력 있는 개그맨은 그런 표현을 안 써도 웃기는 사람인 것 같아요.

이보다 더 좋지 않은 최악의 언어폭력은 상대방을 비하하고, 비교하고, 가족을 욕하고, 무시하고, 비웃는 혐오의 말들이야. 그리고 상대가 제일 싫어하는 약점을 건드리는 말 같은 거지. 그런 것은 곧바로 사람을 절망으로 몰아넣는단다.

찬희 : 정말 애들끼리 싸우다가도 다 지난 일이나 집안 환경 들먹이며 공격하는 녀석이 있어요.

 소은 : 정말 싫어. 메신저나 댓글로도 그런 말이나 비웃음을 초성 이니셜로 표시한다든지 이런 애들은 유치하고 못나 보여요.

 그런 댓글이나 언어폭력은 절대 하지 말아야 해. 댓글 한두 개가 사람을 완전히 망가뜨려 극단으로 몰아가기도 해. 그런데 이런 일의 정작 가장 큰 피해자는 가해자 본인일 수도 있어. 살다 보면 가장 마음에 남아서 아픈 기억들이 바로 가족에게 모진 말을 했거나 폭력을 휘둘렀을 때야. 부모님이 돌아가신 후에는 가장 죄송스러운 것이 말 안 듣고 대들었던 기억이고.

어떤 젊은이가 잔소리를 하는 엄마에게 심하게 대들어서 언쟁을 하다가 엄마가 뺨을 한 대 때렸다 치자. 그래서 자기도 모르게 엄마를 밀쳐서 엄마가 넘어졌어. 실수로 벌어질 수도 있는 일이겠지만 이미 주워 담을 수는 없겠지? 그런데 이런 일은 시간이 지나면 지날수록, 철이 들면 들수록 마음에 회한으로 남고 상처가 되는 거야. 두 사람 모두에게 말이지. 그러니까 서로를 위해서 폭력과 언어폭력은 무척 세심하게 신경을 쓰고, 특히 감정이 고조될 때는 피하는 것이 좋아. 꼭 기억해 둬야 해.

자, 이제는 폭력에 시달리는 친구가 하나도 없는, 정의가 실현되는 세상이 되도록 함께 기도하자.

원수 갚는 일은 왜 하나님의 몫인가?

사회를 충격으로 빠뜨리는 흉악한 범죄들이 여전히 일어나고 있습니다. 그런데 솜방망이 처벌로 더 분노를 유발하기도 합니다. 그러다 보니 영화와 드라마에서는 그런 사람들을 처단하는 영웅이 등장해 대리 만족을 주기도 하는데요. 사적 복수는 현행법상 불법이지만 영웅을 기대할 정도로 법적 공의가 이루어지지 않는다는 느낌이 드는 것도 사실입니다.

하지만 강력 처벌만으로는 근본적인 해결이 어렵습니다. 범죄 심리학적으로도 처벌이 커지면 범죄가 줄어들기보다는 범죄자들의 모험심이 더 커진다고 합니다. 형량이 클수록, 경비가 삼엄할수록 범죄에 대한 유혹과 성공에 대한 쾌감이 커지기 때문이죠. 물론 처벌은 재범 방지만을 위한 것이 아니라 공의를 위해, 피해자의 억울함을 위해 마땅히 강화할 필요가 있습니다.

한편 사람이 개인적으로 응징하면 부작용이 생깁니다. 피해자 한 사람만 처벌하는 게 아니라 죄 없는 그의 부모나 자녀들 등 2차, 3차 피해자가 나올 수 있습니다. 그것은 또 다른 복수의 빌미가 될 수도 있습니다. 또 어느 정도의 응징이 적당한지 아무도 판단해 줄 수 없습니다. 피해자의 분노도 상대적인 것인데, 한 대 맞고 백 대를 때린다면 복수의 명분이 사라진 또 다른 폭력이 될 것입니다.

무엇보다 **복수**를 해도 미움의 응어리는 사라지지 않습니다. 피해자가 가해자에게 똑같이 대갚음하는 것이 법이라면 그것은 또 하나의 고문이자 고통이 될 것입니다. 그 일을 다시 상기해야 하며, 내가 혐오하던 일을 스스로 해야 하니 그것은 오히려 고통일 겁니다.

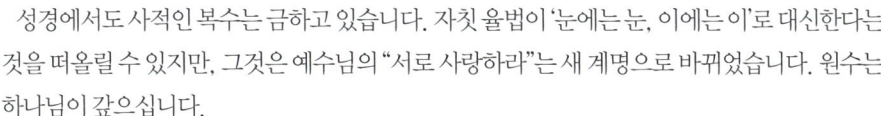

어떤 응징도 피해의 대가가 될 수 없고, 피해는 백배로 갚아도 원상태로 돌아가지 않습니다. 돈으로 아무리 보상해도 사람의 목숨값이 되지 않지요.

성경에서도 사적인 복수는 금하고 있습니다. 자칫 율법이 '눈에는 눈, 이에는 이'로 대신한다는 것을 떠올릴 수 있지만, 그것은 예수님의 "서로 사랑하라"는 새 계명으로 바뀌었습니다. 원수는 하나님이 갚으십니다.

> 극진히 사랑하는 자들아, 너희 스스로 원수를 갚지 말고 도리어 진노하심에 맡기라. 기록된바, 원수 갚는 일은 내 것이니 내가 갚으리라. 주가 말하노라. 하였느니라. (롬 12:19)

누군가에게 피해를 입었다면 이와 같은 하나님의 약속을 믿고 인내하세요. 폭력(Violence)을 휘두르는 빌런(Villain)들도 하나님이 반드시 심판하십니다.

World

> 세상

세상에서 우리는 어떤 생각으로
어떻게 살아가야 할까요?

Part 23. 사회 속에서 1318 청소년의 역할 찾기

 세상은 우리 크리스천들을 별로 좋아하지 않지?
너희도 학교나 세상의 모임에서 크리스천이라서 받는 공격이나 조롱 같은 게 분명히 있을 거야.

 찬희 : 요즘은 뭐 다 '개독'이라고, 상대도 안 하려는 분위기가 많죠.

 예지 : 그래서 아예 학교 같은 데선 크리스천이라는 걸 굳이 밝히지 않는 경우도 많고요.

 일단 우리에게 책임이 있어. 더 바르게, 더 사랑을 베풀며, 더 엄격하게 살지 못하고 사회에서 좋은 역할을 하지 못한 것은 반성하는 것이 맞아. 그런데 사람들이 생각하는 개독이 진짜 크리스천만을 말하지 않는다는 것을 너희가 알고 말할 수 있어야 돼.

소은 : 하긴 말이 기독교지 이단도 많잖아요.

 기독교를 내세운 사이비 이단이 정말 많아. 그들도 사회에서는 멀쩡한 구성원이고 우리처럼 평범한 사회인이야. 악한 자라는 뜻이 아니고, 그저 그릇된 교리에 미혹된 거야.

 우람 : 우리가 아무리 열심히 살아도 사람들은 욕할 걸요? 드라마나 영화에 나오는 크리스천들도 다 이상하게 묘사돼요.

 세상은 우리를 미워하게 돼 있어. 세상의 사랑을 받는다면 그건 뭔가 이상한 거야.

모든 사람이 너희에 대해 좋게 말할 때에 너희에게 화가 있을지어다! 그들의 조상들이 거짓 대언자들에게 그렇게 행하였느니라. (누가복음 6:26)

다른 종교와 손잡고 그들의 믿음도 인정하는 목회자들이 인기가 있지? 그건 하나님이 기뻐하시지 않는 거야. 세상적인 인기만 따른다면 그는 하나님의 종이 아니란다.

 예지 : 사실은 우리 개신교가 사회봉사를 제일 많이 하지 않나요?

 맞아. 자랑하고 내세울 일은 아니겠지만 통계상으로도 사회봉사의 가장 많은 부분을 모두 기독교(개신교)가 해 왔어. 병원·학교·구제 기관 등 가장 많은 부문에서 기여하고 있지. 그런데도 천주교에서 그럴듯한 사제복을 입고 나와서 한마디 하면 대단한 줄 알지. 그리고 무슨 일만 있으면 추기경과 불교 조계종 종정 등 종교계 대표가 나오지만 기독교는 그런 게 없으니까 소개조차 안 하려고 하지. 우리는 하나님 앞에서 위아래가 없고 모두가 성도니까 세상을 무서워할 이유도 없고, 눈치 볼 것이 없으니 세상도 우리를 별로 좋아하지 않는 거야.

 예지 : 세상이 좀 바뀌면 좋겠어요. 특히 교육 정책 좀 어떻게 할 수 없나요?

 그건 모두를 만족시키기 정말 어려운 숙제 중 하나야. 다 같이 사회적 토론을 통해 풀어 나가야지. 평화 통일의 문제도 우리가 기도하면서 하루속히 꼭 풀어야 할 숙제란다. 너희가 빨리 자라서 나라를 짊어지고 갈 훌륭한 정치인과 교육자, 또 건실한 사회인이 되기를 바랄게~.
무엇보다 세상에서 살아갈 때 너희가 하나님의 자녀라는 사실을 잊지 말아야 해. 그리고 세상은 결국 우리를 싫어하게 되어 있긴 하지만 우리가 정말 잘 행하면 존경을 받을 수도 있어.
성령님이 처음 임한 초대 교회 사람들은 백성들에게 호감을 얻을 정도로 멋진 사람들이었어 (사도행전 2:47). 그러니까 힘을 내서 담대하게 세상을 살아가자. 세상의 주인은 마귀란다. 그 속에서 이기려면 하나님의 자녀로 살면서 말씀과 성령님으로 충만해야 해. 다 같이 파이팅!!

 예지 : 네. 다음 세대인 우리가 좀 더 멋진 세상을 만들어 볼게요!

좀 더 알아볼까?

세상 문화와의 적당한 거리

크리스천은 세상 문화에서 얼마만큼 떨어져 살아야 할까요? 크리스천이 세상과 동떨어져 산다면 전도는 어떻게 할 것이며, 반대로 문화에 흠뻑 젖어 산다면 거룩이란 무엇인가 하는 의문이 남을 것입니다. 생각을 어떻게 정리하는 것이 좋을까요?

일단 세상 문화가 해로운 것은 사실입니다. 너무 빠져들지 않도록 하는 것도 필요합니다. 여러분이 보는 것이 여러분을 만듭니다. 사람은 누구나 심은 대로 거두게 됩니다. 해로운 것을 심고 좋은 것이 나기를 바랄 수는 없습니다. 온갖 식품 첨가물을 먹으면서 건강하기를 바랄 수는 없는 것이죠. 그러므로 미디어에서 조금 멀리 떨어져 살 수 있다면 바람직한 라이프 스타일이라고 할 수 있습니다. 하지만 사람들과 더 대화하고, 모이기에 힘쓰며, 개인화되는 것을 방지해야 할 크리스천이 대화에 끼어들지 못할 정도로 문화에 무관심하거나 열려 있지 않다면 조금 문제가 있을 것입니다. 우리는 천국이나 낙원을 사는 것이 아닙니다. 세상과 단절할수록 좋다는 생각은 바람직하지 않습니다. 때로는 자기 의와 만나 또 다른 방향의 자기 자랑이 될 수도 있지요.

크리스천은 세상 사람들을 설득하는 그리스도의 편지가 되어야 합니다. 타 종교에도 우리와 비슷한 목표를 가진 사람들이 있습니다. 그런데 그들의 종교 지도자들은 수도원이나 사찰에 모여 세상과 단절된 채 살아갑니다. 그런 분들이 사람들에게 설교나 설법을 하는 것이 얼마나 설득력이 있을까요. 세상을 이해하려면 문화와 미디어를 알아야 합니다. 나 홀로 신앙으로는 자기 의만 가득한 꼰대가 되기 쉽습니다.

사도 바울도 성경에만 능통한 것이 아니라 사람들 사이에서의 다양한 일과 소문과 정치 상황 등에 두루 밝았을 것이라 추정되는 구절들이 바울 서신에 꽤 있습니다. 다니엘과 그의 세 친구도 적국인 바빌론에서 그들과 함께 살면서 언어와 학문을 배우고 정치도 했습니다. 우상을 섬기라는 명령 등 결코 양보할 수 없는 부분에서는 목숨까지 내놓았지만, 다른 것들은 적응했다는 것입니다.

"세상에서 가장 위험한 사람은 책 한 권만 읽은 사람이다."라는 말이 있습니다. 이런 사람과는 어떤 대화도 할 수 없습니다. 어떤 의미에서는 그것이 성경책이어도 마찬가지일 수 있습니다. 예수님도 하늘의 진리를 세상에 두루 존재하는 일에 비유해서 풀어 주셨음을 기억해야 합니다. 이제 여러분 모두 이 세상(World)에서 건전한 세계관(Worldview)을 지니고 땅의 일과 하나님과의 사이에서 지혜와 균형을 유지하기를 바랍니다.

XXX 음란물

야한 동영상과 성적인 생각에서 벗어나고 싶어요.

Part 24. 음란물의 실체 제대로 알고 피하기

 XXX는 본격 포르노물을 뜻하는 기호란다. 말하자면 성인용 영상물을 뜻하는 말이야. 역시 야동(야한 동영상)은 주로 남자 애들이 많이 보지?

 찬희 : 아무래도 그럴 걸요….

 요즘은 이런 야동을 보는 연령대가 점점 낮아지고 있다더라. 청소년도 모자라 오히려 초등학생들이 많이 본다니 정말 큰일이구나.

 소은 : 에휴… 어린 것들이 뭘 안다고 진짜… 말세네요, 말세.

 워낙 접근이 쉬우니까 호기심 많은 아이들만 나무랄 순 없는 일이지. 다 어른들이 만드는 거니까.

예지 : 정말 어른들이 너무해요.

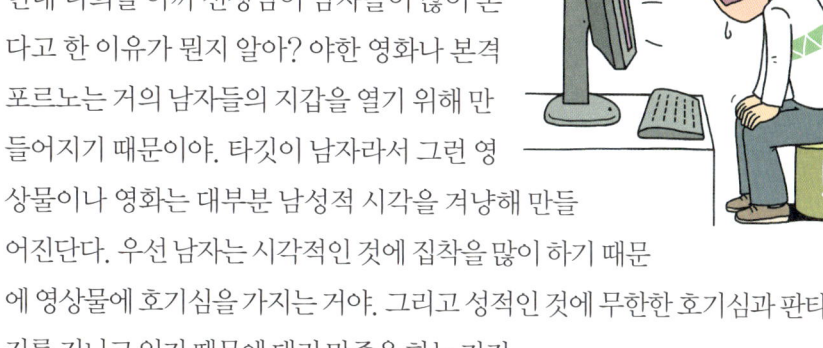

 돈이면 뭐든 가리지 않고 다 해서 그렇단다. 그런데 너희들 아까 선생님이 남자들이 많이 본다고 한 이유가 뭔지 알아? 야한 영화나 본격 포르노는 거의 남자들의 지갑을 열기 위해 만들어지기 때문이야. 타깃이 남자라서 그런 영상물이나 영화는 대부분 남성적 시각을 겨냥해 만들어진단다. 우선 남자는 시각적인 것에 집착을 많이 하기 때문에 영상물에 호기심을 가지는 거야. 그리고 성적인 것에 무한한 호기심과 판타지를 지니고 있기 때문에 대리 만족을 하는 거지.

 소온 : 으으~ 남자들이란~~ 짐승~!!

 남자들이 반드시 기억할 것은 그런 영상은 실제와 완전히 다르다는 거야. 결혼 생활에서도 성적인 것은 아주 일부분이야. 그런 영상은 단지 보여 주기 위한 거란다. 훨씬 과장되고 억지스럽고 인위적인 것으로써, 자극만을 목적으로 하기 때문에 현실을 왜곡시키지. 성행위는 감각만 자극하는 신체적인 유희가 아니야. 가장 먼저 다산하고 번성하는 하나님의 기본 명령을 지키며 살아갈 때 억지로가 아니라 기쁨으로 할 수 있도록 즐거움을 주신 것이고, 무분별하게 즐기라고 주신 것이 아니란다. 그래서 부부간에 이루어지는 성행위는 사랑과 신뢰와 배려, 그리고 기쁨이 되어야지 쾌락만을 위해 하는 게 아니야. 고귀한 생명에 대한 경외심과 두 사람만의 사연이 담긴 대화와 같은 것이야.

우람 : 아하, 야동들이 왜 왜곡됐다는 것인지 알겠어요.

 포르노 연기자들은 돈을 벌기 위해 하는 거야. 다 연기이고, 그 사람들의 직업일 뿐이야. 대개 인터넷에 이름만 공개돼도 싫어하는데, 아무리 개방된 나라여도 먹고살기 위해 얼굴을 공개하면서 그런 일을 한다는 것은 고역일 거다. 너희들의 부끄러움을 누군가 지켜보고 있다면 기분이 어떻겠니? 또한 제작자들이 현실에 없을 상황으로 다양한 포르노를 만드는데, 이 모든 일은 아주 사악하고, 하나님께 대적하는 일이란다. 정말 세상이 마지막에 다 왔어. 온갖 자극적인 것을 만들고 상업화하는 것은 하나님의 진노를 부르는 큰 죄악이야.

 찬희 : 그런 걸 많이 보면 성에 대해서 잘못된 지식을 갖게 되는 것 같아요.

 당연히 나쁜 영향을 받지. 무조건 멀리하는 게 좋아. 절제하고 스스로 노하우를 찾아서 피해야 돼. 그래야 영이 살아나고 죄를 덜 짓는 거야. 왜곡된 성 개념을 심어 주는 그런 동영상을 삭제하고 차단하는 일에 동참하고, 적극적으로 대처해야 해. 사회의 성범죄는 야동과 관련이 깊어. 포르노에 심취한 사람들 중에는 성적 도덕심이나 수치심이 거의 무뎌져서 닥치는 대로 따라 하기 위해 범죄 대상을 가리지 않는 등 판단력을 상실하는 경우가 많았어. 이런 콘텐츠의 해악에 대해 옆 페이지에서 좀 더 알아보자~.

좀더알아볼까?

영혼을 망가뜨리는 콘텐츠

　세계적으로 섹스 산업은 이미 엄청난 시장을 형성하고 있습니다. 어떤 이들은 사회의 분출구가 있어야 성범죄가 줄어든다고도 합니다. 정말 그럴까요? 물론 인간은 악하기 때문에 어떤 환경에서도 타락하겠지만 사회가 전체적으로 건전하고 결혼할 나이에 결혼을 하면서 정상적으로 살아간다면 지금처럼 과도하게 문란한 지경까지 왔을까요? 섹스 산업이 사회의 스트레스를 풀어 준다는 것은 병 주고 약 주자는 이야기밖에 안 됩니다. 부작용이 있으면 그것을 치유해야지, 부작용을 미리 즐기면 그것이 별일 아닌 것이라는 논리밖에 안 되는 것입니다.

　본격 포르노물만 조심해야 할까요? 솔직히 눈을 어디에 두어야 할지 모를 정도로 요즘은 문화 콘텐츠가 선정적입니다. 광고물도 마찬가지이고, 뮤직비디오나 영화, 게임, 콘서트 등도 선정적인 것으로 눈길을 끌고 있습니다. 사실 그만한 효과를 거둘 수 있는 것이 없기 때문에 실적에 혈안이 된 어른들은 여성을 상품화해서 돈을 벌어들입니다. 그뿐 아니라 방송에서 1318의 우상인 연예인들의 대화나 주제 자체가 무분별한 프리섹스를 당연시하고 있어서 큰 영향을 미치고 있기도 합니다.

　남자 아이들은 사춘기 때 성에 대한 호기심이 많은데요. 이젠 초등생 때부터 접하는 일이 다반사입니다. 세상이 너무 개방되어 있으니 아주 못 보게 막을 수도 없는 노릇이라 대책이 필요합니다. 건전한 취미를 갖고 몸으로 움직이는 신체 활동으로 과도한 잡념을 버리면 좋겠지요.

　모든 것을 차단할 수는 없지만 집에서는 와이파이를 쓰되 케이블 라인 자체에서 높은 등급의 성인물을 차단하는 서비스를 통신사에 요청해 설치하는 것도 방법입니다. 어른들은 아이들의 자유를 빼앗는 것이 아니라 해로운 유혹에서 보호하려는 것임을 잘 알려야겠죠. 또한 자녀들은 부모님이 믿지 못해서 그러는 것이 아니라는 것을 잘 알아야 할 것입니다. 사실 성인물 영화와 드라마는 선정성뿐 아니라 폭력성도 심해서 어른에게도 유익하지 않은 것이 많습니다. 영상물을 볼 때 자기 연령보다 하나 아래 등급을 선택해서 보면 좋을 때가 많습니다.

　세상에는 성적인 것보다 흥미롭고 가치 있고 보람 있는 일들이 많답니다. 일부러라도 의미 있는 일을 찾아 하면서 헛된 일에 몰두하지 않는 것이 영육 간의 건강을 추구하는 길입니다. 주님 앞에 당당하고 자기 자신에게 떳떳한 크리스천으로 밝고 건강하게 성장하기를 바랍니다. 혹시 음란물(XXX) 동영상이 여러분의 엑스파일(X-file)이라면 지금 당장 삭제하세요~.

Youth

> 청소년

우리는 누구인가요?
어른인가요, 아이인가요?

Part 25. '청소년기'라는 고정 관념에 얽매이지 않기

 청소년이란 누구일까, 청소년기란 과연 어떤 시기일까? 너희도 한 번쯤 고민해 봤겠지?

 예지 : 물론이죠. 무언가 못하게 말릴 때는 "애들은 몰라도 돼." 하고, 아직 머물러 있으려고 하면 "다 큰 애가…"라고도 하죠.

 우람 : 맞아요. 청년인지 소년인지 헷갈려요.

 그래. 진짜 애매하지? 고등학생과 중학생은 어떤 부분은 확연히 다른데 굳이 1318로 함께 보기가 애매할 때도 있지. 너희들을 청소년기 또는 사춘기 등으로 부르기도 하는데, 청소년기 하면 가장 먼저 떠오르는 게 뭐니?

 다같이 : 질풍노도의 시기요!!

그 말 나올 줄 알았다. 이 말은 그랜빌 스탠리 홀(G. S. Hall)이라는 아동 심리학자가 처음 사용한 말이야. '질풍노도'는 말 그대로 거센 바람과 성난 파도지. 청소년기 혹은 사춘기는 감정의 폭풍을 겪는 시기라고 해석한 것인데, 이 말이 정말 맞을까?

 소은 : 대략 맞긴 하지만, 울 엄마도 질풍노도일 때가 많은데….

 그 밖에도 '중2병', 'MZ 세대' 같은 말은 어때? 이런 식의 정의는 없던 특징도 있게 만드는 효력이 있어. 말하자면 중2가 되면 반항이 심해야 할 것처럼, 혹은 그래야만 할 것처럼 생각하게 만들고, MZ 세대에 해당하는 나이라면 왠지 까칠하고 개인주의적으로 행동해야 할 것 같게 만든다는 거야. 마치 '나이는 숫자에 불과하다' 이러면 어르신들은 다 젊은이 못지않게 젊게 생각하고 펄펄 날아야 된다는 강박을 갖는 것과 마찬가지야.

 찬희 : 아하~ 질풍노도라고 정의하면 부모님께 대들어도 당연한 것처럼 생각되는 그런 거죠?

 바로 그거야. 청소년기에 감정적 어려움을 겪을 수 있지만, 어떻게 사람이 모두 감정과 상태가 똑같을 수가 있고, 어떻게 특정한 나이가 된다고 해서 비슷한 양상을 보일 수 있을까? 이런 것은 현대에 대두된 사회 진화론이나 심리학 같은 과학의 산물인데, 청소년 시기의 기질을 과학으로 확립하면서 그들을 다루는 방법을 체계화한 거야. 청소년은 판단력이 미숙하고 정체성이 완성되지 않은 '심리적

유예기'를 거치고 있다고 규정하면서 각종 엄격한 규율을 만들어 냈는데, 묘하게도 이런 규율이 아까 말한 그런 용어들처럼 질풍노도기의 특성을 더욱 강화시켜서 그들을 여전히 미숙한 이미지로 남게 만드는 거란다. 그래서 사회는 청소년에게 엄격한 규율 안에서 어떤 기대를 하게 되고, 그것은 점점 청소년을 억압하는 악순환으로 이어지는 측면이 있는 거지.

 우람 : 사실 성경에는 청소년기가 따로 없지 않나요?

 당연하지. 이 시기는 근대화 과정에서 '만들어진' 개념이야. 사람은 성장하는 시기가 조금씩 다르고, 일찍 어른이 되는 사람도 있지만 그렇지 못한 사람도 있지. 청소년기라는 것 때문에 자립심이 없어지고, 충분히 자기 몫을 하면서 믿음을 가질 수 있는데도 여전히 아이로 머무르게 해서 획일적인 교육을 시키는 거지. 그건 개인이 원한 일이 아니라 사회를 유지하기 위한 수단에서 시작된 거야.

 예지 : 생각이 좀 전환되는 것 같아요. 이제 고정 관념을 좀 버려야겠어요.

 물론 사회적 합의도 중요하니까 질서를 유지하면서 융통성을 발휘해야 해. 틀을 깬다는 것이 뭐든 맘대로 한다는 뜻은 아니야. 지금 모두가 틀을 깨 버리면 사회는 혼란에 빠지겠지. 사람은 역사와 문화를 무시할 수 없어. 청소년은 용어에 불과하지만 그 틀을 벗어날 때 책임은 더 커진다는 것을 명심하면서, 이 땅의 믿음직하고 젊은 크리스천으로 잘 자라기를 바란다~.

세상을 본받지 않은 당당한 청소년이 되자

지금 청소년들은 과거에 비해 윤택한 생활을 하고 있지만 정신적으로는 더 어려운 시기라고 생각됩니다. 기성세대로서 미안하다는 말을 하고 싶을 정도로 세상은 1318 친구들에게 희망이 되지 못하고 있는 것이 사실이지요. 물론 어른들이 꿈꿨던 세상은 이런 것이 아니었지만 하나님을 대적하는 세상에서 먹고살기 위해 분주히 달려오다 보니 아이들에게 그리 좋은 세상을 물려주지 못한 것 같습니다.

세상은 과학의 이름으로 창조주 하나님을 빼앗았고, 그 결과 교회에서 많은 청소년을 빼앗았으며, 학교는 더 나은 미래를 명분으로 경쟁을 시켜 아이들에게서 친구를 빼앗았습니다. 그래서 여러분은 세상과 어른들을 본받지 말라고 당부하고 싶습니다.

여러분은 어리지 않고 충분한 존엄성이 있습니다. 어떤 친구도 비인격적인 대우를 받아선 안 됩니다. 또한 집이 부자인지, 어느 단지에 사는지, 몇 평에 사는지, 아버지의 직업이 무엇인지 따지지도 마세요. 그것은 철이 덜 든 어른들의 행동입니다.

세상은 사람을 동물이나 자연과 똑같이 보는 과학 위에 서 있습니다. 동식물의 법칙을 사람한테 적용하면 세상이 어떻게 될까요? 기득권을 지닌 사람들이 자신들의 방식으로 게임의 룰을 정하고, 나머지는 불필요한 존재, 도태되어 마땅한 존재로 전락시키려 할 것입니다.

하나님은 만물의 토기장이로서 우리의 역할과 능력, 외모, 위치를 다르게 만드셨지요. 모든 영혼은 그 무게가 동일하다는 것입니다. 하나님은 모두에게 딱 한 개의 목숨과 생각할 수 있는 자유 의지를 주셨습니다. 하나님의 의도를 모르고 세상적 가치와 기준으로 친구와 가족과 세상을 바라보면 안 됩니다.

청소년들은 늘 '이 다음에'를 말하는 어른들과 세상을 보며 바로 '지금' 행복하고 싶다고 말하지요. 청소년들도 하루하루를 힘들게 버티고 있습니다. 청소년 여러분은 미래를 위해서 무언가 엄청난 것을 할 생각보다는 오늘을 행복하고 보람차게 살라고 말하고 싶습니다. 현재를 잘 살면 알찬 과거가 차곡차곡 쌓이고, 밝은 미래가 자연스럽게 다가온다는 것을 기억하세요. 과거를 한탄하며 미래에 뭔가 보여 주겠다면서 현재를 게을리하는 사람은 매우 모순된 행동을 하고 있는 것입니다. 그런 사람은 결국 미래에 아무것도 보여 줄 수 없을 것입니다. 청소년기, 질풍노도의 시기라는 틀에 넣어 시간을 낭비하지 말고, 자신만의 세계를 만드세요. 청소년(Youth) 시기는 여러분 스스로(Yourself) 주님 안에서 당당하게 설 수 있는 귀한 시간입니다.

> 지역/구역

Zone

이 땅에서 우리 1318 청소년들이
마음 둘 곳은 어디일까요?

Part 26. 하나님의 보호 구역에 머무르기

 드디어 마지막 키워드까지 왔네. 이제 마무리를 하면서 너희의 고민을 총정리하려고 하는데…. 아무래도 너희의 고민도 어른들의 고민과 똑같지 않을까 싶다. 결국 사람은 모두 다 고통 가운데 살면서 진한 외로움을 느낀다는 거야.

 우람 : 맞아요. 사는 게 뭔지… 에휴….

 소은 : 야야~ 땅 꺼지겠다. 어린 것이 무슨… 누나야말로 넘 힘들어… 휴우….

 하하, 그래. 너희들처럼 좋은 친구가 아웅다웅하면서 평생 잘 지내면 얼마나 의지가 되고 좋겠니. 그래도 사람은 어떤 좋은 사람이 옆에 있어도 채워지지 않는 마음의 공간이 있단다. 어느 장소에 가도 채울 수 없는 고독이 죽을 때까지 따라다니는 거야.

예지 : 그래서 다들 그렇게 인기를 좇고, 사람의 마음을 얻으려고 애쓰는 거겠죠?

 그렇지. 연예인 직업을 많이 선호하는 이유도 그런 거겠지. 하지만 무대에서 화려한 조명과 박수를 받고, 팔로워가 아무리 많아도 채워지지 않아. 외로움과 공허함은 상대적으로 더 크기 때문이야. 사람의 영혼은 마치 식물처럼 아무리 가지가 뒤엉키고 붙어 있어도 각자의 뿌리는 따로따로인 것처럼 독립적인 것이라 스스로 살아남아야 해. 왜 그렇게 만들어졌을까?

 찬희 : 하나님이 우리를 너무 사랑하신 나머지 어떤 구역을 비워 두시고, 무엇보다 우선 하나님과의 관계를 제대로 하라는 뜻 아닐까요?

 여태까지 가르친 보람이 있네~. 바로 그거야. 인간은 아무리 잘난 척을 해도 거울이 없이는 자기 얼굴조차 볼 수 없는 존재란다. 사람들은 인간이 뭐든 다 할 수 있을 것처럼 말하지만 사실은 한계가 너무 많지. 결국은 모든 인간이 자기 존재의 한없는 나약함을 느끼게 되고, 그 끝에서 어떤 절대자를 마주하게 되어 있는데, 번지수를 잘못 찾으면 엉뚱한 곳에서 헤매면서 자기 나름의 진리를 찾았다고 착각하게 되는 거란다.

 우람 : 많은 멘토가, 자기가 정답을 가르쳐 주겠다고 아우성인 것 같아요.

 누군가를 멘토로 삼을 수 있지만, 대단해 보이던 그들도 모두 사라지고 말지.

세상 어디로 가도 공허함뿐이야. 가장 큰 부귀영화를 누렸다는 솔로몬의 이야기 알지?

그때에 내가 내 손이 이룩한 모든 일과 내가 수고하여 행한 모든 수고의 열매를 바라보았는데, 보라, 모든 것이 헛되며 영을 괴롭게 하는 것이요, 해 아래에는 아무 유익이 없었도다. (전도서 2:11)

솔로몬은 젊어서 놀라운 지혜의 왕이었지만 인생의 후반으로 가면서 수많은 이방 여인들과 결혼하고, 그녀들이 섬기는 이방의 신들을 함께 섬기는 잘못을 저질렀단다. 땅에서 벌어지는 모든 일에는 진정한 유익이 없고, 참된 가치를 바르게 추구해야 참된 만족이 있다는 뜻이야. 너희들은 솔로몬처럼 하나님께 지혜를 구할 수 있지만, 그의 끝을 본받으면 안 돼. 그러려면 먼저 올바른 그리스도인으로 살면서 장차 실수하고 흔들릴지라도 다시 일어설 수 있는 하나님 아버지와의 바른 관계가 정립돼야 한다는 거야.

 찬희 : 헛되지 않게 살려면 먼저 하나님의 자녀로서 신앙이 정리되어야 하는군요.

 예지 : 잘 알겠어요. 허무하게 혼자 외로워 말고 힘들 땐 하나님을 더 찾아야겠어요.

 소은 : 저도요~. 하나님, 감사합니다~.

 우람 : 저도 힘내 볼게요. 고민은 계속 남겠지만 낙심하지 말고 파이팅 하겠습니다!!

 그래. 늘 하나님 안에서 머물면 안전해. 항상 너희를 지켜 주실 거야. 앞으로 당당한 청년으로, 선한 시민으로 모두 주님 안에서 행복한 사람이 되기를 바란다!

교회는 언제나 따뜻한 주님의 품이다

우리 1318 청소년들의 생활 반경은 매우 좁습니다. 학교와 집, 그리고 친구들과 만나는 카페나 식당, 영화관, 피시방, 노래방 정도일 겁니다. 유해 공간을 드나드는 청소년도 물론 있겠지만요. 온라인에서는 친구들과 대화도 많고, SNS를 통해 다른 사람들의 다양한 사는 모습을 보기도 하겠지만 실제로 다니는 곳은 한정돼 있습니다.

크리스천 학부모들의 자녀 중에는 교회에 열심히 가는 친구들도 있겠지만 그런 아이들은 소수이고, 교회에 출석은 해도 부모님의 뜻에 따라 그저 왔다 갔다 하는 경우도 많겠지요. 부모님의 마음은 늘 성에 차지 않아서 이 아이가 도무지 구원을 받았는지, 하나님의 말씀을 마음에 잘 새기고 있는지 알 수가 없고, 세상의 다른 아이들이나 다를 바 없는 것 같아 답답할 것입니다.

교회가 재미도 없고 시간만 아깝다는 아이들을 보면, 교회에서 복음을 정확히 가르쳐 확실한 신앙생활로 유도하고 있는지 궁금한 부모님들도 있을 것입니다. 교회 문화는 이미 세상 문화의 외적인 수준을 따라잡기는 어렵다고 봅니다. 자본주의 사회에서는 돈이 없으면 그만큼 높은 문화의 질을 추구하기 어렵기 때문이지요. 앞서가는 것처럼 보이는 화려한 세상 문화가 유익한 것도 아닌데 더 나아 보이는 이유가 그것입니다.

교회에 안 가도 재미있는 것이 넘쳐나는 세상입니다. 그러므로 이제는 교회가 어떤 프로그램으로 아이들을 불러 모으기보다 참된 진리와 복음을 더 흥미롭게 가르칠 수 있다면 좋겠습니다. 청년들이 교회를 떠나는 이유 중 하나는 교회가 자신들의 현실적 문제를 다루지 않고, 세상에서 다루는 과학이나 현안에서 너무 동떨어져 있기 때문이라는 조사도 있습니다.

1318 친구들과 부모님들은 교회가 세상 문화에 비해 초라하다고 가볍게 여겨서는 안 됩니다. 좀 따분해도 교회에 머물도록 해야 합니다. 좋은 교회, 복음이 바르고 건전한 교회, 상식적인 교회를 찾고, 거기에 시간을 투자하세요. 그곳에 머무른 시간은 헛되지 않습니다. 왜냐하면 세상에서 방황하고 지쳐서 쓰러질 때에도 십자가를 보고 돌아갈 수 있기 때문입니다.

십자가가 선 그곳은 교회의 건물이 아니라 주님의 품입니다. 아무도 나를 반기지 않는 고난의 시간에도 좋은 교회는 여러분을 품어 줄 수 있습니다. 이 땅의 모든 교회가 청소년의 보호 구역이 되기를 바랍니다. 하나님이 함께하시는 구역(Zone)을 떠나 지그재그(Zigzag)로 헤매면 삶이 힘들어집니다. 언제나 주님의 품에서 평생 거하며 평안을 누리는 우리 1318 친구들이 되길 바랍니다. 샬롬!

맺는 글

고민하면서 예수님을 찾아가는 1318 친구들

많은 이야기가 여러분에게 도움이 되었나요? 한 가지라도 답이 되었기를 바랍니다. 그런데 아무리 많은 조언을 해도 우선 예수님을 믿고 다시 태어나지 않으면 아무 소용이 없답니다. 그래서 또다시 구원 이야기를 하지 않을 수 없습니다. 크리스천은 모든 관심사와 생각의 방향, 세계관이 다를 수밖에 없어요. 늘 하나님의 영광을 위해 살고 이 세상의 끝 이상의 영원한 천국을 향하는 사람이기 때문에 고민도 해답도 다르지요.

이 책의 다른 시리즈에서도 배웠지만 이 책만 볼 친구들을 위해 한 번 더 구원을 복습하며 설명하겠습니다. 절대 다음 기회로 미루지 말고 잘 이해한 뒤에 기도하고 결단하세요. 괄호 안의 성경을 찾아 읽어 보고, 주변의 크리스천 어른들께 도움을 구해도 좋을 것입니다.

구원, 이건 꼭 받아야 해!

우리가 어떤 것이 사실인지 알려면 일단 정보가 있어야 해. 하나님과 천국과 지옥이 사실인지는 성경에 정보가 나오지. 성경이 사실인 것만 확인하면 거기 나오는 모든 일을 신뢰할 수 있을 거야. 구약 성경에는 메시아가 300번 이상 예언됐고, 예수님은 그 모두를 이루면서 오셨어. 그리고 이스라엘이 1948년에 독립한 것부터 역사의 모든 일이 성경 그대로 이루어지고 있어. 또 성경 안에서 모든 사실이 서로를 입증하고 그 두꺼운 책 안에서 부딪히는 모순점이 없어. 그래서 역사적으로 많은 사람들이 목숨은 버려도 믿음과 말씀은 버리지 않은 거야. 성경이 믿는 사람들의 부활을 말하고 있거든.

성경은 모든 사람은 죄가 있어서 죽게 된다고 말해(로마서 3:23). 아무리 착해도 사람은 죄를 짓게 돼 있는데, 그 상태로는 하나님과 함께 살 수 없어서 마귀를 위해 만들어진 지옥으로 가야 하지(마태복음 25:41). 사람은 다 죄 가운데 태어나기 때문에 신분을 바꾸지 않으면 천국에 갈 수 없어. 자기 힘으로는 이 일을 해낼 수 없기 때문에 인간은 스스로를 구원하지 못해.

그래서 하나님이 죄를 씻어 주셔야 하는데, 하나님은 아주 공정하신 분이라 대가가 지불되어야 용서를 해 주셔. 하나님의 법에서는 피의 희생 제사를 드려야 죄가 용서되는데(히브리서 9:22), 짐승의 피를 바치면 일시적으로 용서를 받지만 영원한 속죄는 안 돼. 구약 시대의 제사는 지옥에 가는 과정을 바라보면서 일시적으로나마 대신 속죄의 원리를 깨닫는 거였지. 영원한 속죄는 같은 '친족'인 인간이 피를 바쳐야 해(레위기 25:49). 그런데 보통 사람의 피로는 소용없고 흠이 없는 정결한 피라야 돼. 이건 수학 공식처럼 그냥 외워. 하나님의 법칙이고 약속이거든.

그런데 모든 인간의 피는 부패했기 때문에 하나님 중 한 분이 직접 오신 거야. 이 예수님은 에덴동산에서부터 예언된 메시아였어. 하지만 많은 사람이 낮고 천한 모습으로 오신 그분을 알아보지 못해서 죽이고 말지. 그리고 예수님이 십자가 달리시는데, 그때 예수님의 피가 남김없이 흘려졌고, 바로 그때 전 인류의 과거, 현재, 미래의 모든 죄가 제거되었어(요한복음 1:29). 그것을 믿고 인정하는 사람에게는 희생 제사의 효과가 적용되는 거야. 하나님이 그 마음을 보시고 의로운 사람으로 봐 주시는 거지(로마서 10:9-10).

예수님은 십자가 위에서 저주가 되시고 죄 덩어리가 되신 거야. 한 가지 죄만으로도 괴로운데 우리의 모든 죄를 다 짊어지신 거지. 그리고 그 위에 하나님의 진노가 쏟아졌어. 예수님이 우리가 받을 저주를 대신 받으시면서 우리 모두의 죄도 사라진 거야(고린도후서 5:21).

단, 그것을 믿고 인정해야 해. 예수 그리스도를 나의 구원자와 주님으로 인정하면 그 사람은 구원을 받게 돼. 그리고 영원히 하나님의 자녀가 되고, 나중에는 우리도 예수님처럼 부활해서 즐겁게 살게 된단다. 천국은 따분한 곳이 아니야. 지금 우리가 즐길 수 있는 것들을 더욱 누릴 수 있고, 서로 미워하지도 따돌리지도 않으면서 기쁘게 사는 곳이야(요한계시록 21:4).

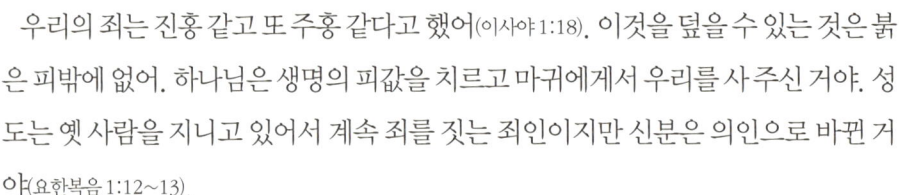

우리의 죄는 진홍 같고 또 주홍 같다고 했어(이사야 1:18). 이것을 덮을 수 있는 것은 붉은 피밖에 없어. 하나님은 생명의 피값을 치르고 마귀에게서 우리를 사 주신 거야. 성도는 옛 사람을 지니고 있어서 계속 죄를 짓는 죄인이지만 신분은 의인으로 바뀐 거야(요한복음 1:12~13).

말하자면, 나쁜 일로 생활 기록부에 안 좋은 내용이 있어서 대학을 못 가게 됐는데, 선생님이 큰맘 먹고 지워 주셨어. 그래서 대학에 갈 자격이 됐어. 그 나쁜 일이 없었던 일이 되는 것은 아니지만 대학교에서는 아무것도 없는 생기부만 보겠지?

바로 이처럼, 우리는 여전히 죄인이지만 하나님이 이집트에서 죽음의 사자를 보내실 때, 어린양의 피가 표시된 집만 넘어가게 하셨듯이 우리에게 예수님의 피가 있는지 그것만 보시는 거야(출애굽기 12:13). 죽음은 어린양의 피가 있는 사람을 그냥 넘어간단다. 이것이 구원의 원리야.

성경을 읽어 보고 이 글을 읽는 1318 친구들 모두가 꼭 구원받기를 바랄게. 예수님을 나의 주인으로 받아들이면 돼(요한복음 3:16~17, 요한계시록 3:20). 어렵지 않아. 꼭 성경을 읽고 기도해 봐. 하나님이 도우시고 길을 열어 주실 거야. 구원, 이건 무조건 받아야 하는 거라고!

이제 하나님의 자녀로서 이전과는 다르게 세상을 바라보세요.
여전히 고민도 있고 할 일도 많겠지만 여러분의 마인드부터 바꿔 보세요.
늘 하나님이 함께해 주실 겁니다.
혹시 잘못된 길로 들어섰더라도 속히 돌이키고 다시금 바른길로 돌아오세요.
어떤 길을 어떻게 걷느냐가 고민의 크기를 결정한답니다.
늘 주님 안에서 믿음으로 걸으며 평안한 삶을 사는 여러분이 되기를 바랍니다.
힘내세요. 모두 안녕~!!!

도움이 필요할 때 연락처

헬프콜 청소년전화(여성가족부)
전화 : 지역번호 + 1388
문자 : 1388
스마트폰 : m.cyber1388.kr
인터넷 : www.cyber1388.kr

학교폭력피해자 긴급지원센터
117

청소년폭력예방재단 / 학교폭력SOS지원단
1588-9128
www.jikim.net

기톡교청소년협회
www.cya21.org

한국생명의전화
1588-9191
www.lifeline.or.kr

한사랑기독상담실
www.onesarang.co.kr

탁틴내일
02-3141-6191
(성고민/성폭행, 음란물/인터넷 중독)

서울시청소년상담복지센터
02-2285-1318

사명선언문

너희가 흠이 없고 순전하여……세상에서 그들 가운데 빛들로
나타내며 생명의 말씀을 밝혀 _ 빌 2:15-16

1. 생명을 담겠습니다
만드는 책에 주님 주신 생명을 담겠습니다.
그 책으로 복음을 선포하겠습니다.

2. 말씀을 밝히겠습니다
생명의 근본은 말씀입니다.
말씀을 밝혀 성도와 교회의 성장을 돕겠습니다.

3. 빛이 되겠습니다
시대와 영혼의 어두움을 밝혀 주님 앞으로 이끄는
빛이 되는 책을 만들겠습니다.

4. 순전히 행하겠습니다
책을 만들고 전하는 일과 경영하는 일에 부끄러움이 없는
정직함으로 행하겠습니다.

5. 끝까지 전파하겠습니다
모든 사람에게, 땅 끝까지, 주님 오시는 그날까지
복음을 전하는 사명을 다하겠습니다.

서점 안내

광화문점	서울시 종로구 새문안로 69 구세군회관 1층 02)737-2288 / 02)737-4623(F)
강남점	서울시 서초구 신반포로 177 반포쇼핑타운 3동 2층 02)595-1211 / 02)595-3549(F)
구로점	서울시 동작구 시흥대로 602, 3층 302호 02)858-8744 / 02)838-0653(F)
노원점	서울시 노원구 동일로 1366 삼봉빌딩 지하 1층 02)938-7979 / 02)3391-6169(F)
일산점	경기도 고양시 일산서구 중앙로 1391 레이크타운 지하 1층 031)916-8787 / 031)916-8788(F)
의정부점	경기도 의정부시 청사로47번길 12 성산타워 3층 031)845-0600 / 031)852-6930(F)
인터넷서점	www.lifebook.co.kr